理财咨询与服务

李　艳　主编

清华大学出版社
北　京

内容简介

本书主要内容包括：风险厌恶型客户理财、风险中立型客户理财和风险偏好型客户理财三大单元。每个单元包括普通客户理财和VIP客户理财两个项目，具体涉及定期储蓄、国债、基金、保险、纸黄金等理财产品知识。本书针对中职学生的特点，将理论知识与岗位工作紧密结合，实现"做中学"。内容取材新颖，编写形式活泼，既注重培养学生理论知识的学习，又锻炼学生的实际操作能力。

本书既可作为中等职业学校金融财会专业的教学用书，也可作为理财咨询有关在职人员的自学用书及岗位培训教材。

图书在版编目(CIP)数据

理财咨询与服务/李艳主编. --北京：清华大学出版社，2015
新课改·中等职业学校金融和保险专业系列教材
ISBN 978-7-302-38816-6

Ⅰ. ①理…　Ⅱ. ①李…　Ⅲ. ①投资－咨询服务－中等专业学校－教材　Ⅳ. ①F830.59

中国版本图书馆CIP数据核字(2014)第301061号

责任编辑：张　弛
封面设计：傅瑞学
责任校对：袁　芳
责任印制：刘海龙

出版发行：清华大学出版社
网　　址：http://www.tup.com.cn，http://www.wqbook.com
地　　址：北京清华大学学研大厦A座　　**邮　　编**：100084
社 总 机：010-62770175　　**邮　　购**：010-62786544
投稿与读者服务：010-62776969，c-service@tup.tsinghua.edu.cn
质 量 反 馈：010-62772015，zhiliang@tup.tsinghua.edu.cn
印 装 者：北京密云胶印厂
经　　销：全国新华书店
开　　本：185mm×260mm　　**印　张**：7.25　　**字　　数**：156千字
版　　次：2015年5月第1版　　**印　　次**：2015年5月第1次印刷
印　　数：1～2000
定　　价：18.00元

产品编号：060495-01

丛书序

随着我国国民经济的快速发展，随着经济结构、产业结构的不断调整，随着劳动力数量的增多，就业压力越来越大，社会对中等职业学校毕业生的要求也越来越高。为了进一步贯彻“以服务为宗旨，以就业为导向”的职业教育办学方针，落实国家又好又快发展职业教育的精神，培养出符合社会需求的新型毕业生，全国各地纷纷开展中等职业学校课程改革，有些地区已经进入了实施阶段，并取得了丰硕的成果。

本丛书以中等职业教育课程改革实验研究为基础，为体现行动导向的教学设计思想，满足理论实践一体化的教学需要，在教材体系结构、内容、形式上都进行了创新。根据课程所适合的教学方法和教学基本步骤来安排教材的体例结构，运用任务、项目等载体设计教学活动，引导教师教和学生学。按照“过程可以重复，内容不能重复”的设计原则设计相应的业务内容，使学生在“做中学、学中做”的工作过程体验中完成学习任务。同时，在教材的编排形式上，为满足以学生为主体的教与学的需要，将工作过程中涉及的业务知识、业务技能、设备工具、职业意识等陈述性知识和过程性知识融入工作的每一个步骤中，实现学生在工作过程中活动、学习，满足了新课改课堂实施的要求。

本丛书包含金融事务专业和保险事务专业新课改的所有课程，可作为中等职业学校金融事务、保险事务、会计等相关专业教材，也可作为财经类职业资格认证考试的参考书，还可作为相关培训的辅导资料。

本丛书由中职执教多年，并参与工作过程导向课程开发、课程实施的一线教师执笔，得到有关行业专家、教育专家的指导和帮助，在此一并表示感谢！

本丛书难免有不足之处，请各位专家、老师和广大读者不吝指正！希望本丛书的出版能为我国中等职业学校课程改革的开展和新型人才的培养作出应有的贡献！

编审委员会

2010年6月

前言

本书是根据金融事务专业(银行方向)典型职业活动“理财咨询与服务”直接转化的专业核心课程,实操性较强。本课程旨在培养学生提供综合理财咨询和服务的能力,以及良好的沟通和应变能力。通过本课程,使学生能够在与客户沟通、确认的基础上,按照业务操作流程协助客户办理理财产品的相关手续。通过做中学,培养学生参与理财业务活动宣传、市场开发和理财产品营销的能力,进而提升其获取客户信息、分析客户信息、制定理财方案的能力。

本课程以“服务对象”为载体,将课程内容分为三个单元:风险厌恶型客户理财、风险中立型客户理财和风险偏好型客户理财。按照为各服务对象提供服务所需的知识、技能、情感态度、价值观的不同要求,以及学生的认知规律,对三个单元进行排序。三个单元所贯穿的工作过程都是相同的,即首先与客户建立关系,其次收集、整理客户信息,最后提供理财咨询与服务。工作目标递进,单元一培养学生的理财基本服务意识,单元二强化理财服务意识,单元三旨在形成理财咨询与服务人员应具备的综合素养。

本课程以工作情境创设任务,以案例创设任务背景,按照职业岗位所需要的综合能力目标和职业岗位的工作流程、工作标准设计实训内容,通过采用行业用语、着装等将教师的身份转化为银行理财经理;通过采用工作中的业务案例、业务凭条将教材内容转化为实际业务;通过角色扮演将上课转化为上岗办理业务,将学生的身份转化为理财专员,为更好地适应未来的工作岗位奠定基础。

本课程教学总学时为72学时,各单元建议教学内容和课时安排如下。

单　元	任　务		建议课时
单元一　风险厌恶型客户理财	项目1　普通客户理财	任务1　定期储蓄理财产品投资 任务2　低风险基金理财产品投资 任务3　国债理财产品投资 任务4　分红型保险理财投资	20
	项目2　VIP客户理财	任务5　储蓄类产品理财投资 任务6　保本固定收益类理财产品投资	10
单元二　风险中立型客户理财	项目1　普通客户理财	任务7　风险适中型基金理财产品投资 任务8　万能型保险理财投资	12
	项目2　VIP客户理财	任务9　黄金定投理财产品投资 任务10　保本浮动收益类理财产品投资	10
单元三　风险偏好型客户理财	项目1　普通客户理财	任务11　高风险基金理财产品投资 任务12　投资连结型保险理财投资	8
	项目2　VIP客户理财	任务13　纸黄金理财投资 任务14　非保本浮动收益类理财产品投资	12

本书在编写过程中得到了银行业相关专业人士的大力支持，在此谨向他们表示诚挚的感谢！

由于编者水平有限，错漏之处在所难免，恳请读者批评、指正。

编　者

2014年12月

目 录

单元一 风险厌恶型客户理财

单元二 风险中立型客户理财

单元三 风险偏好型客户理财

单元一

风险厌恶型客户理财

本单元目标

（1）初步培养学生参与理财业务活动宣传、市场开发和理财产品营销的能力。

（2）初步培养学生获取客户信息、分析客户信息、制定理财方案的能力。

（3）在与客户沟通、确认的基础上，能够初步按照业务操作流程，协助客户办理理财产品的相关手续。

本单元主要介绍定期储蓄、货币市场基金、国债、分红型保险、保本固定收益类理财产品的基本知识和理财技巧，旨在使学生掌握此类产品的理财技巧，具备为客户提供理财咨询与服务的能力。

学习项目	学习内容	课时
项目1　普通客户理财	1. 定期储蓄产品的理财技巧 2. 货币市场基金的理财技巧及办理流程 3. 凭证式国债和储蓄国债(电子式)的理财技巧和办理流程 4. 分红型保险的理财流程	20
项目2　VIP客户理财	1. 通知存款的理财技巧及办理流程 2. 保本固定收益类产品的办理流程	10

项目1　普通客户理财

任务1　定期储蓄理财产品投资

任务目标

(1) 学习定期储蓄类产品的基本知识；
(2) 学习定期储蓄类产品的理财技巧；
(3) 树立岗位意识、理财服务意识。

岗前准备

定期储蓄产品的理财技巧培训。

工作内容

运用定期储蓄产品，为普通客户提供理财咨询与服务。

客户资料

小王：工作1年，25岁。

收入：固定薪金4000元＋奖金400元，单位缴纳社会保险。

每月固定支出：房租800元＋水电200元＋交通费50元＋饭费750元＋其他消费200元。

风险承受能力：★

由于所剩资金不多，小王懒得打理，直接存为活期存款。作为银行理财专员，你能给他一些有关定期储蓄产品的理财建议吗？

理财技巧

下面先一起学习定期储蓄产品的理财技巧。

1. 各类定期储蓄产品的起存金额及适合人群

整存整取定期储蓄：50元起存。适用于有余钱并短期不作他用的储户，多考虑1年期整存整取。

零存整取定期储蓄：5元起存。适用于居民生活结余款的积零成整，积累性较强。

存本取息定期储蓄：5000元起存。适用于有一笔较大金额款项的客户，想在不动用这笔本钱的前提下，按期支取利息，用于补贴家用或赡养老人、支付孩子的生活费等，到期以后拿出本金再做安排。

定活两便储蓄：50 元起存。适合用款时间不定的短期款项的存储。

2. 如何根据利率走势调整储蓄组合

（1）如果经济形势开始向好，则存短期。

（2）如果经济增速到一个较高水平，通货膨胀上升，利率也比较高，则存长期。

（3）如果利率下降到低谷，则存短期。

3. 如何分配活期存款与定期存款的资金量

应以定期存款为主，活期只要可以应付日常生活开销，够应急之用即可，一般为月工资的 3 倍。

4. 整存整取业务提前支取技巧

如急需用钱，不用将全部资金取出，可办理部分资金提前支取，但只有一次机会。因此，最好不要把大额现金存成一张订单，以防提前支取时损失利息。另外，如果存单已存时间较长，则可办理存单抵押贷款。

5. 增加储蓄收益的方法

方法 1：阶梯存储法。即在进行定期储蓄时，存期安排呈阶梯状。其目的在于既可跟上利率调整，又可获取高利息。一般适合为子女积累教育基金和子女未来婚嫁资金的家庭等。

算一算

6 万元若采用全存 3 年定期、全存 1 年定期或采用阶梯存储法，3 年利息分别是多少？（请填全表 1-1 中的“利息”栏）

表 1-1　6 万元不同储蓄存法的利息计算

<table>
<tr><td></td><td colspan="3">普通存储</td><td colspan="3">阶梯存储法存储</td></tr>
<tr><td></td><td colspan="3">6 万元存 3 年定期(5%)</td><td>2 万元存 1 年期(3.5%)</td><td>2 万元存 2 年期(4.4%)</td><td>2 万元存 3 年期(5%)</td></tr>
<tr><td>存入日</td><td colspan="3">2012 年 1 月 1 日</td><td>2012 年 1 月 1 日</td><td>2012 年 1 月 1 日</td><td>2012 年 1 月 1 日</td></tr>
<tr><td>到期日</td><td colspan="3">2015 年 1 月 1 日</td><td>2013 年 1 月 1 日</td><td>2014 年 1 月 1 日</td><td>2015 年 1 月 1 日</td></tr>
<tr><td>利息</td><td colspan="3"></td><td></td><td></td><td></td></tr>
<tr><td></td><td colspan="3">6 万元存 1 年定期(3.5%)</td><td>2 万元存 2 年期(4.4%)</td><td>2 万元存 1 年期(3.5%)</td><td></td></tr>
<tr><td>存入日</td><td>2012 年 1 月 1 日</td><td>2013 年 1 月 1 日</td><td>2014 年 1 月 1 日</td><td>2013 年 1 月 1 日</td><td>2014 年 1 月 1 日</td><td></td></tr>
<tr><td>到期日</td><td>2013 年 1 月 1 日</td><td>2014 年 1 月 1 日</td><td>2015 年 1 月 1 日</td><td>2015 年 1 月 1 日</td><td>2015 年 1 月 1 日</td><td></td></tr>
<tr><td>利息</td><td></td><td></td><td></td><td></td><td></td><td></td></tr>
<tr><td>利息合计</td><td></td><td></td><td></td><td></td><td></td><td></td></tr>
</table>

方法 2：定期存储法（又叫 12 张存单法、“滚雪球”存钱法）。可以将自己的储蓄资金分成 12 等份，每月存成一个定期，或者将每月的余钱不管数量多少都存成一个定期，这样下来每月有一笔定期存款到期可供使用。

方法 3：拆分存储法。虽说目前银行部门可以办理部分提前支取，其余不动的存款还可以按原利率计算利息，但也只允许办理一次。正确的方法是，假如有 1 万元要进行存储，可分别存成 1000 元、2000 元、3000 元、4000 元各一张。只有这样，一旦遇到急用钱的情况，才能将利息损失减小到最低。

方法 4：组合存储法。即存本取息与零存整取相结合的一种储蓄方法。采用此种方法，只要长期坚持，便会带来丰厚的回报。

算一算

采用组合存储法 3 年后共能领到多少利息？（填全表 1-2 中的空白）

表 1-2　不同存法利益对比

组合存储法	3 万元存 3 年期存本取息（3.3%）	每月存 82.5 元存 3 年零存整取（3.3%）
存入日	2012 年 1 月 1 日	2012 年 2 月 1 日
到期日	2015 年 1 月 1 日	2015 年 2 月 1 日
利息		
本息和		

小常识

零存整取利息计算方法

零存整取定期储蓄计息公式为

利息＝月存金额×累计月积数×月利率

其中，累计月积数＝（存入次数＋1）÷2×存入次数。

算一算

客户小张办理零存整取业务，每月存 2000 元，存期 1 年，目前银行零存整取的年利率为 1.71%，请问到期后小张能拿回多少钱？

情景模拟

两人一组，其中一人扮演理财专员，运用所学知识为客户提供定期储蓄产品的理财建议；另一人扮演客户小王，向理财专员咨询定期储蓄产品的理财技巧。

工作评估

给自己的工作绩效打个分吧！

评分内容	评分标准	参考分值	得分			
			自评	互评	教师评分	综合评分
服装得体	穿工作装，穿戴干净、整齐	10				
语言流畅	语言连贯，用词准确	10				
声音清晰	吐字清晰，音量适中	10				
服务意识	态度和蔼，礼貌待人，全身心地为客户服务	20				
理财建议	理财知识阐述准确，体现专业性	50				
总分						

任务2 低风险基金理财产品投资

任务目标

(1) 学习基金产品的分类;
(2) 学习货币市场基金的理财技巧;
(3) 学习货币市场基金业务的办理流程;
(4) 树立岗位意识、理财服务意识。

岗前准备

(1)《开放式基金交易协议书》;
(2)《开放式基金账户类业务凭条》;
(3)《开放式基金交易类业务凭条》;
(4)《风险评估问卷》。

工作内容

运用低风险基金理财产品为普通客户提供理财咨询与服务。

客户资料

一天,李阿姨去银行,准备将自己工资卡中上半年的工资转为定期存款。到了银行,李阿姨看到银行里的人很多,一打听才知道许多市民是来开户买基金的。听他们议论买基金时间不长就能翻倍,李阿姨动心了,可是她不知道怎么在银行买基金,以及如何选择一只好基金。

李阿姨风险承受能力:★

如果你是银行理财专员,请你为李阿姨提供理财咨询与服务。

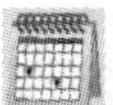

学一学

下面,先了解一下证券投资基金的基本常识。

1. 证券投资基金的定义

证券投资基金是一种利益共享、风险共担的集合投资方式,即通过公开发售基金份额,集中投资者的资金,由基金管理人管理,由基金托管人托管,以组合投资的方式进行证券投资,如图 2-1 所示。

2. 基金的种类

根据投资标的不同,证券投资基金可分为股票型基金、债券型基金、货币市场基金、混合型基金等(见表 2-1)。

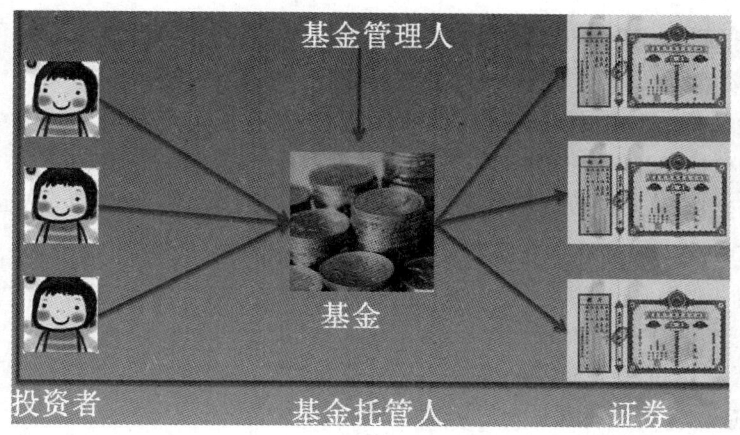

图 2-1 证券投资基金

60%以上的基金资产投资于股票的基金为股票基金。

80%以上的基金资产投资于债券的基金为债券基金。

货币市场基金主要投资于短期货币工具，如国库券、商业票据、银行定期存单、政府短期债券、企业债券等短期有价证券。

投资于股票、债券和货币市场工具，并且股票投资和债券投资的比例与股票基金和债券基金均不一致的，为混合基金。

表 2-1 基金类型

基金类型		主要投资对象	风险收益特征	适合人群
股票型基金	主动管理	股票、债券；股票不低于 60%	高收益、高风险	愿意承受较高风险、追求高收益的积极型投资者
	指数型基金	构成某种指数的全部或部分股票		
混合型基金		股票、债券；股票上限有约束	较高收益、较高风险	愿意承担一定风险和追求高收益的积极型、稳健型投资者
债券型基金		国债、可转债、企业债	风险较低、收益一般	追求本金相对安全和回报略高的稳健型、保守型投资者
货币市场基金		短期国债、金融债、央票、存款	本金安全、流动性高、收益略高于存款	追求本金绝对安全、流动性高、回报略高于存款的保守型投资者

想一想

该为李阿姨推荐哪种类型的基金呢？

3. 货币基金的特点

（1）货币市场基金单位的资产净值是固定不变的，通常是每个基金单位 1 元。

（2）流动性好、资金安全性高。货币基金投资对象主要包括短期国库券、政府公债、大额可转让定期存单、银行承兑汇票等。通常由政府、金融机构以及信誉卓著的大型企业发行，具有很高的安全性和流动性。同时，投资者不受到期日限制，随时可根据需要转让基金单位，资金进出非常方便。

(3) 风险性低。货币市场工具的到期日通常很短，货币市场基金投资组合的平均期限一般为 4～6 个月，因此风险较低，其价格通常只受市场利率的影响。

(4) 投资成本低。货币市场基金通常免收手续费，认购费、申购费、赎回费都为 0，并且其管理费用也较低。

理财技巧

如何选择货币市场基金。

1. 选择基金管理公司

并非大的基金管理公司就是好公司，有些小公司同样有优异的业绩表现。应该选择产品风格比较稳定、持股集中度和换手率较低、信息透明度较高、注重投资者教育的基金管理公司的产品。

2. 过往的业绩

虽然过往的业绩并不能代表以后的成绩，但过往业绩一直保持前列的基金让人觉得更放心。

3. 基金经理的表现

各只基金是由基金经理运作的，基金经理的风格、表现决定了该只基金的表现，因此有必要了解基金经理的历史表现。

工作流程

第一步：基金开户。

客户第一次到银行买开放式基金，需签订《银行开放式基金交易协议书》(见图 2-2)和《开放式基金账户类业务凭条》(见图 2-3)。

第二步：进行风险测评。

风险测评(见图 2-4)的目的是了解客户的风险类型，以便为其推荐与其风险承受能力相匹配的基金产品。风险测评的有效期为 1 年。

第三步：基金申购与认购。

当客户选好基金产品后，理财专员要指导客户填写《开放式基金交易类业务凭条》(见图 2-5)。

小常识

基金的认购、申购和赎回

投资者在开放式基金首次募集期间购买基金通常被称为基金的认购。

投资者在开放式基金首次募集结束并成立后，购买开放式基金的行为通常被称为基金的申购。

投资者向基金管理人申请购回其所持基金份额的行为通常被称为基金的赎回。

现金分红 VS 红利再投资

现金分红是指直接获得现金红利，不用支付赎回费。

银行开放式基金交易协议书

甲方：　　银行

乙方：________________

第一条　根据中国证券监督管理委员会《证券投资基金管理公司管理办法》、《证券投资基金销售管理办法》、《证券投资基金运作管理办法》、《中国银行开放式基金代销业务柜台交易管理办法》,甲乙双方就开放式基金交易有关事项达成如下协议，共同遵守。

第二条　本协议受国家有关法律、法规及基金管理公司有关规定约束。甲乙双方在办理开放式基金交易时，须共同遵守国家有关法律、法规及中国证监会《证券投资基金管理公司管理办法》、《证券投资基金销售管理办法》、《证券投资基金运作管理办法》、中国银行开放式基金代销业务柜台交易管理办法。

第三条　乙方声明乙方充分了解基金不同于银行储蓄和债券，基金在获得较高的收益的同时，也承担着较大的风险，基金投资有可能损失本金。乙方保证具备与此风险相应的风险承受能力，并自愿承担基金投资可能产生的相关投资风险。

第四条　乙方自愿在甲方开立基金交易账户，并向甲方申请办理甲方所代理的开放式基金的认购、申购、赎回基金单位等基金业务，并办理其他相关手续。乙方的上述基金业务交易申请是乙方根据相关基金的基金合同所规定发出的要求进行上述交易的要约。乙方同意甲方根据基金交易业务的需要自动为乙方到基金注册与过户登记机构办理基金账户开户手续，并同意提供相关基金注册登记机构所需的乙方开户资料。

第五条　乙方保证开户填写有关资料的内容真实、正确、完整、有效，当有关资料发生变化时，须及时到甲方办理更改手续。因乙方提供资料不实或更改不及时导致基金交易委托和其他手续不能正常进行时，乙方应自行承担责任。

第六条　甲方印制的各种基金业务交易申请凭证适用于甲方代理销售的所有基金。但鉴于不

图 2-2　银行开放式基金交易协议书

同基金的交易规则并不完全相同，乙方通过填写申请凭证所申请办理的相关基金业务及相关手续，可能只被基金管理公司部分接受，乙方某些申请事项可能会因不符合某些基金管理公司规定要求而被拒绝接受。乙方在填写各种基金业务申请凭证之前，应仔细了解乙方申请交易的基金的交易规则，并且同意承担申请事项因不符合基金管理公司规定要求而被拒绝接受的全部后果。对申请凭证中被接受的申请事项视为乙方的要约被接受。

第七条　鉴于乙方可能委托甲方办理多只基金的交易手续，不同基金的交易条件、手续可能因有关基金的基金合同、代销合同、登记过户规则的不同存在差异。乙方向甲方申请办理开立基金账户、认购、申购、赎回某一基金或设置分红方式等业务的行为，即表明乙方已认真阅读并理解基金的有关交易规则，自愿受其约束。

第八条　乙方在办理基金业务时，应确保在甲方同时开立指定资金账户，用于办理基金买卖的资金结算。基金交易账户未销户前，乙方不得撤销该资金账户。如乙方自行关闭资金账户，造成红利资金和赎回资金无法入账，乙方应自行承担责任。

第九条　乙方使用借记卡密码所进行的一切基金业务，银行均视为乙方亲自办理。

第十条　甲方将根据相关基金的基金合同、招募说明书、有关法律文件及其附件的规定以及相关基金管理公司的要求和甲方的业务规则制定《中国银行基金交易规则须知》。甲方保证向乙方提供前述《中国银行基金交易规则须知》，并将其作为本协议的附件，与本协议具有同等的法律效力。

第十一条　本协议书由双方签字盖章后生效。处理双方纠纷时以本协议书为准。本协议书一式两份，甲乙双方各执一份。

甲方：　　银行　　　　　　　　　　乙方：

签章　　　　　　　　　　　　　　　签章

日期：　　　　　　　　　　　　　　日期：

图　2-2(续)

<table>
<tr><td colspan="3">开放式基金账户类业务凭条
特别提示：填写前请您认真阅读表格背面的《××银行股份有限公司基金交易协议》！</td></tr>
<tr><td>银行打印</td><td>核准：　　　　经办：　　　　交易日期：
本单仅代表××银行接受您的委托，但不确保交易成功，最终确认方为注册登记机构或基金管理公司。</td><td rowspan="4">第一联　银行留存</td></tr>
<tr><td rowspan="3">客户填写</td><td>个人客户填写
请选择交易类型　□1. 开立银行交易账户　□3. 登记基金账户　□5. 修改账户资料
□2. 注销银行交易账户　□4. 取消登记基金账户　□6. 注销基金账户
客户姓名：　　　　基金账号：
资金账号：　　　　银行交易账号：
证件类型　□身份证　□其他______　　地址类型　□家庭地址　□单位地址
证件号码：　　　　通信地址/邮编：
客户电话/手机/E-Mail</td></tr>
<tr><td>对公客户填写
请选择交易类型　□1. 开立银行交易账户　□3. 登记基金账户　□5. 维护资金账户
□2. 注销银行交易账户　□4. 取消登记基金账户　□6. 注销基金账户
资金账号：　　　　单位名称：
银行交易账号：　　　　通信地址/邮编：
基金账号：　　　　联系电话/手机：
新增资金账户：　　　　经办人证件类型　□身份证　□其他______
变更资金账户：　　　　经办人姓名：
预留印鉴：　　　　经办人证件号码：
备注：</td></tr>
<tr><td>客户签章
本人/单位认真阅读了《××银行股份有限公司基金交易协议》和《证券投资基金投资人权益须知》，充分知晓开放式基金的风险，自愿办理××银行代理的基金业务，自担投资风险。
请认真核对以上内容后签字确认。
客户签字：__________　　日期：__________
*请于T+2日到网点打印账户确认单，以确认交易是否成功。</td></tr>
</table>

事后监督：　　　　核准：　　　　经办：

图 2-3　开放式基金账户业务凭条

银行股份有限公司个人客户风险评估问卷（2013 年版）

以下 10 个问题将根据您的财务状况、投资经验、投资风格、风险偏好和风险承受能力等对您进行风险评估，我们将根据评估结果为您更好地配置资产。请您认真作答，感谢您的配合！（每个问题请选择唯一选项，不可多选）

1. 您的年龄是？
☐ A.18~30岁　☐ B.31~50岁
☐ C.51~64岁　☐ D.65 岁及以上

2. 您的家庭年收入为（折合人民币）？
☐ A.5 万元以下　☐ B.5万~20 万元
☐ C.20万~50 万元　☐ D.50万~100 万元
☐ E.100 万元以上

3. 在您每年的家庭收入中，可用于金融投资（储蓄存款除外）的比例为？
☐ A. 小于 10%　☐ B. 10%~25%
☐ C. 25%~50%　☐ D. 大于 50%

4. 以下哪项最能说明您的投资经验？
☐ A. 除存款、国债外，我几乎不投资其他金融产品
☐ B. 大部分投资于存款、国债等，较少投资于股票、基金等风险产品
☐ C. 资产均衡地分布于存款、国债、银行理财产品，信托产品、股票、基金等
☐ D. 大部分投资于股票、基金、外汇等高风险产品，较少投资于存款、国债

5. 您有多少年投资股票、基金、外汇、金融衍生产品等风险投资品的经验？
☐ A. 没有经验　☐ B. 少于 2 年
☐ C. 2~5 年　☐ D. 5~8 年
☐ E. 8 年以上

6. 以下哪项描述最符合您的投资态度？
☐ A. 厌恶风险，不希望本金损失，希望获得稳定回报
☐ B. 保守投资，不希望本金损失，愿意承担一定幅度的收益波动
☐ C. 寻求资金的较高收益和成长性，愿意为此承担有限本金损失
☐ D. 希望赚取高回报，愿意为此承担较大本金损失

7. 以下情况，您会选择哪一种？
☐ A. 有 100%的机会赢取 1000 元现金
☐ B. 有 50%的机会赢取 5 万元现金
☐ C. 有 25%的机会赢取 50 万元现金
☐ D. 有 10%的机会赢取 100 万元现金

8. 您计划的投资期限是多久？
☐ A. 1 年以下　☐ B. 1~3 年
☐ C. 3~5 年　☐ D. 5 年以上

9. 您的投资目的是什么？
☐ A. 资产保值　☐ B. 资产稳健增长
☐ C. 资产迅速增长

10. 您投资产品的价值出现何种程度的波动时，您会呈现明显的焦虑？
☐ A. 本金无损失，但收益未达预期
☐ B. 出现轻微本金损失
☐ C. 本金 10%以内的损失
☐ D. 本金 20%~50%的损失
☐ E. 本金 50%以上的损失

银行提示：

以上测试旨在帮助您了解自己的风险偏好和风险承受能力，从而有助于您选择合适的产品投资。本测试以及资产配置建议可能并不全面和充分，最了解您的还是您自己。请您依据自己的财务状况、收入预期、对资金的流动性要求、对风险的厌恶程度及投资产品的特点等多种因素做出投资决策。请您在产品购买过程中注意核对自己的风险承受能力和产品风险的匹配情况，即使是最激进的客户，也建议您做好资产在不同风险等级产品间的配置工作。如需帮助，建议您联系您的理财经理或财富顾问，得到进一步的资产配置建议。

您提供的信息应当真实、准确、完整，我们的风险评价将基于您提供的有效信息，如因您提供虚假、无效或不完整的信息，导致评价结果出现错误，银行不承担相应责任。**本测试结果的有效期为 12 个月，如您的财务状况发生较大变化或发生可能影响您风险承受能力的其他情况，请您及时通知我们并重新进行测试。**

风险提示：市场有风险，投资需谨慎，购买理财产品前，请认真阅读相关产品合同、协议书、说明书、招募说明书等法律文件，充分了解投资的风险。

图 2-4　客户风险评估问卷

开放式基金交易类业务凭条

特别提示：填写前请您认真阅读表格背面的《基金投资风险提示函》！

银行打印

核准：　　　　经办：　　　　交易日期：

本单仅代表××银行接受您的委托，但不确保交易成功，最终确认方为注册登记机构或基金管理公司。

客户填写

基金交易信息

银行卡号/资金账号：　　　　银行交易账号（选填）：

基金代码/名称：　　　　货币类型　☐人民币　☐美元　☐其他____

交易类型	交易方式		
☐1.认购	认购金额：		
☐2.申购	申购金额：		
☐3.定期定额	☐开通　☐修改	每月扣款日期：____ ____	
	☐取消	每月扣款金额：____ ____	
☐4.赎回	☐非连续　☐连续	赎回份额：	
☐5.撤单	原基金交易流水号：	原交易类型：	
☐6.分红	☐现金　☐红利再投资		
☐7.基金转换	转出基金代码/名称：	转换份额：	
	转入基金代码/名称：	转换方式　☐非顺延　☐顺延	
☐8.转托管	☐转托管转出	对方销售商代码：	对方销售网点：
	☐转托管转入	对方交易流水号：	对方交易账号：
	转托管份额：		

风险提示

1. 本人/单位已阅读《基金投资风险提示函》和《证券投资基金投资人权益须知》，充分知晓基金投资风险，自愿办理中国银行代理的基金业务，自担投资风险。	☐是	☐否
2. 风险匹配度提示，若您所选购基金产品的风险等级高于您的风险测评承受等级，是否确认继续交易？	☐是	☐否
3. 交易时间提示，若下单时间不在开放式基金联机交易时间之内，我行系统将默认为挂单交易，该交易将在下一交易日受理，是否确认继续交易？	☐是	☐否

本栏由单位客户补充填写：

单位名称：____________　　　　资金账号：____________

预留印鉴：____________

请认真核对以上内容后签字确认。

客户签字：____________　　　　日期：____________

*请于T+2日到网点打印交易确认单，以确认交易是否成功。

第一联　银行留存

事后监督：　　　　核准：　　　　经办：

图 2-5　开放式基金交易类业务凭条

红利再投资是指将分红所得现金再投资该基金。

金额申购、份额赎回

开放式基金遵循“金额申购、份额赎回”的原则，即申购时以金额申请，赎回时以份额申请。

因为投资者在当日进行申购、赎回基金单位时，所参考的基金单位资产净值是上一个基金开放日的数据，而基金单位资产净值在开放日当日所发生的变化，需要在当天交易所收市后才能计算出来，因此投资者在申购、赎回时无法知道会以什么价格成交。也就是说，投资者申购时无法知道其申购的金额能够折合成多少基金份额，同样在赎回时无法知道其持有的基金份额能够折算为多少金额。

(1) 基金申购计算。

投资者甲申购某基金金额 1 万元，假设 T 日的基金单位净值为 1.200 元，申购费率为 1.5%，计算投资者甲共能申购多少份基金？

申购费用＝10 000×1.5%＝150(元)

净申购金额＝10 000－150＝9850(元)

申购份额＝9850/1.200≈8208(份)

(2) 基金赎回计算。

假设投资者甲赎回某基金 1000 份基金单位，T 日基金净值为 1.255 元，赎回费率统一按 0.5%收取，计算甲共能拿回多少钱？

赎回金额＝1000×1.255＝1255(元)

赎回费用＝1255×0.5%＝6.275(元)

支付金额＝1255－6.275≈1248.73(元)

练一练

投资者甲买了 3000 元的某基金，购买时基金的净值是 1.000 元，申购费率为 1.5%，赎回时的净值是 1.512 元，赎回费率为 0.5%，那么甲共获利多少？

第四步：到柜面办理手续。

当客户填完申、认购信息后，请客户携带银行卡、身份证和填好的资料到柜面办理手续。

情景模拟

两人一组，其中一人扮演理财专员，指导客户李阿姨完成货币市场基金的申购，另一人扮演李阿姨，在理财专员的指导下，完成××基金资料的填写(表 2-2 是××货币基金的基本资料)。

表 2-2 ××货币基金资料

基金名称	××货币	基金全称	××货币市场基金 A
基金代码	222000	基金类别	货币型
基金经理	王刚	成立时间	2013-03-01
托管银行	××银行股份有限公司	首次募集规模	3 543 234 999.00 份
最新基金规模	2 888 014 348.38 份(2013-12-31)		

续表

投资目标	在保持安全性、高流动性的前提下获得高于业绩比较基准的回报
投资策略	结合货币市场利率的预测与现金需求安排，采取现金流管理策略进行货币市场工具投资，以便在保证基金资产的安全性和流动性的基础上，获得较高的收益
业绩比较标准	本基金以中国人民银行公布的一年期定期存款税后收益率作为业绩比较基准
风险收益特征	本基金投资于货币市场工具，属于低风险品种

工作评估

给自己的工作绩效打个分吧！

评分内容	评分标准	参考分值	得分			
			自评	互评	教师评分	综合评分
服装得体	穿工作装，穿戴干净、整齐	10				
语言流畅	语言连贯，用词准确	10				
声音清晰	吐字清晰，音量适中	10				
服务意识	态度和蔼，礼貌待人，全身心地为客户服务	20				
理财建议	理财知识阐述准确，体现专业性	50				
总分						

任务3 国债理财产品投资

任务目标

（1）学习凭证式国债和储蓄国债（电子式）的基本知识；
（2）学习凭证式国债和储蓄国债（电子式）的理财技巧；
（3）学习凭证式国债和储蓄国债（电子式）的办理流程；
（4）树立岗位意识、理财服务意识。

岗前准备

（1）《个人客户开户及综合服务申请表》；
（2）《储蓄国债（电子式）开户申请书》；

(3)《债券买入申请书》;

(4)《债券卖出(销户)申请书》。

工作内容

运用凭证式国债理财产品为普通客户提供理财咨询与服务。

客户资料

今天,新一期凭证式国债又开始发行,王大爷看见街坊邻居都买了国债,自己也想把积蓄投资国债,可是他不知怎么个买法,于是来到银行咨询。

如果你是银行理财专员,请你为王大爷提供理财咨询与服务。

王大爷风险承受能力:★

学一学

下面,我们先一起了解一下凭证式国债吧!

1. 凭证式国债的定义

凭证式国债是政府为筹集国家建设资金而面向社会公众发行的一种中央政府债券,其前身就是国库券。

由于凭证式国债的投资风险几乎为零,收益有保障,且免缴利息所得税,因此凭证式国债是个人理财的优秀品种。

2. 凭证式国债的特点

与储蓄存款相比,凭证式国债的主要特点是安全、方便、收益适中。具体来说有以下优点。

(1) 凭证式国债发售网点多,购买和兑取方便、手续简便。

(2) 可以记名挂失,持有的安全性较好。

(3) 利率比银行同期存款利率高1～2个百分点,提前兑取时按持有时间采取累进利率计息。

(4) 凭证式国债虽不能上市交易,但可提前兑取,变现灵活,地点就近,投资者如遇特殊需要,可以随时到原购买点兑取现金。

(5) 利息风险小,提前兑取按持有期限长短、取相应档次利率计息,各档次利率均高于或等于银行同期存款利率,没有定期储蓄存款提前支取只能活期计息的风险。

(6) 没有市场风险,凭证式国债不能上市,提前兑取时的价格(本金和利息)不随市场利率的变动而变动,可以避免市场价格风险。

3. 凭证式国债相关术语

(1) 国债品种

国债品种是指某年发行的第几期和多少年期的国债。如,"2001年第2期3年期国债";"2001年第3期5年期国债"。

(2) 国债代码的编码规则

四位年份代码+两位期数代码+两位期限代码。例如,"2001年第2期3年期国债"的代码为20010203,"2001年第3期5年期国债"的代码为20010305,以此类推。

(3) 国债利率

国债发行公告中公布的利率称为票面利率。国债的实际利率与持有期有关,在发行国债时,国家对各持有期规定了相应档次的利率。

(4) 发行期

每期国债发行时都有指定的发行期间,在这段时期购买的国债,其到期日是月对月,日对日。超过发行期购买的国债,可计息到最后计息日。例如,2001 年凭证式第二期国债的发行期为 2001 年 6 月 15 日至 2001 年 8 月 14 日。

(5) 期限

从发行时开始,到本期国债到期兑付为止的最长时间。一般有 2 年期、3 年期、5 年期等期限。

(6) 到期日

到期日的确定在发行期中已做说明。超过到期日持有国债将不计付息。

(7) 最后计息日

发行期后购买的国债的计息截止日期。

(8) 兑付日

指定开始兑付某期国债的日期。

(9) 提前兑付手续费

在国债到期前向银行兑付国债时需按本金向兑付银行支付一定比例的费用,该比例即提前兑付手续费率,由中国人民银行统一制定。

理财技巧

凭证式国债的兑取方式

凭证式国债可以到期时一次还本付息,也可以提前兑取,办理兑取时只能到原购买点办理,不能通兑。

1. 到期兑取

投资者持发行期内购买的凭证式国债到期兑取时,可在兑付期内到原购买点办理。凭证式国债没有统一规定的到期日,投资者在发行期内的购买日期(某月某日)即为到期日期,从购买日起按债券期限(几年)对月对日计算。投资者可在从到期日起的兑付期内到原购买点办理兑付。故投资者应留意凭证式国债的购买日期。到期时利息按规定利率计算,逾期不加计利息。

投资者持发行期结束后购买的凭证式国债,到期兑取时可在兑付期内到原购买点办理。利息按实际持有天数和相应档次利率计算,利息最长计算到兑付期的最后一日。如果投资者在兑付期内没有办理兑取事宜,可在原购买点问清延期兑付的地点和办法。延期兑取需付少量手续费。

2. 提前兑取

投资者购买凭证式国债后如需变现,可随时到原购买点全额提前兑取,不能部分提前兑取。提前兑取除偿还本金外,利息按实际持有天数和相应的利率档次分档计息。投资者应清楚各个档次的利率，和掌握提前兑取的利息计算方法。投资者要求提前兑取，可持“凭证式国债收款凭单”和证明本人身份的有效证件办理兑付手续。

凭证式国债到期或提前兑取的手续和银行定期储蓄存款的兑取类似。只是在提前和逾期利息的计算上有较大差别。

（资料来源：http://info.cmbchina.com/Financing/Detail.aspx?channel=bondknowledge&topic=bondtrade&id=b13acbd5-59d2-41ec-b859-2fb655793926.）

凭证式国债办理质押贷款

国债质押贷款是指借款人以未到期的凭证式国债作质押，从银行取得人民币贷款，到期一次性归还贷款本息的一种贷款业务。

下面以招商银行为例，介绍以凭证式国债为质押，向银行申请贷款的流程和方法。

1. 申请条件

有效身份证明资料和财政部发行、该行承销的未到期的凭证式国债。

2. 贷款额度

起点为人民币 5000 元，每笔贷款金额不超过质押国债面额的 90%。

3. 最高贷款期限

原则上不超过一年，并且贷款期限不得超过质押国债的到期日。

4. 贷款利率

按照同期同档次法定贷款利率和有关规定执行。期限不足 6 个月的，按 6 个月的法定贷款利率确定。

5. 办理流程

（1）借款人先向银行提出凭证式国债质押贷款申请，借款人、出质人填写“招商银行个人贷款申请审批书”和“招商银行个人贷款质押合同”、“招商银行个人贷款借款合同”（合同为一式三份）。

（2）借款人将申请审批书、合同、本人身份证明及复印件和已在背面签章背书的手工填制或计算机打印的凭证式国债收款凭证交经办员。

（3）借款人填写“招商银行个人贷款借款借据”，由经办员审核无误后，交储蓄主管批注意见并签章。同时将申请审批书、借据和合同送支行分管行长级以上（含）或其授权人员审批签章。申请审批书和借据加盖储蓄业务章，合同加盖公章。

（4）办理质押手续。

（5）发放贷款。

（资料来源：东莞市中小企业服务平台，http://www.dgsme.com/dgsme/fw_v3/412/2/68284.html.）

工作流程

第一步：开户。

指导客户填写《个人账户开户及综合服务申请表》（见图 3-1）和《债券买入申请书》（见图 3-2）。

个人账户开户及综合服务申请表

手机银行登录网址：　　24小时客服热线：

客户信息

*姓名____ *汉语拼音姓名____（姓）____（名） *手机号码____ 家庭电话____

*证件类型 □居民身份证 □护照 □其他____ *证件号码____ *发证机关____

*地址类型 □家庭地址 □单位地址 *地址____（国家）____（省/自治区/直辖市）____（市/区/县）

____（街道/小区/单位/门牌号） *邮编____ *职业____ *月收入____

以下服务申请中手机号码/地址均默认为本栏所填，如另有需求，请于下表相应栏位填写。

*代理人姓名____ *电话____ *证件类型____ *证件号码____

*地址____ **注明*的栏位为必填项。请客户（代理人）携带有效身份证件前往柜台办理业务。**

借记卡、储蓄产品

□长城电子借记卡　□中银理财贵宾卡　□财富管理贵宾卡　□其他____　□开立附属卡

开立借记卡对账簿：□活期类交易对账簿 □定期类交易对账簿　□开通借记卡银联无卡支付：无卡支付每日累计限额____元

借记卡ATM每日转账累计限额____元（0~5万元，默认5万元）　借记卡境外POS消费每日累计限额____元

借记卡交易限额如填写"0"则表示关闭此项服务，如未填写则为银行默认值。

□活期一本通 □定期一本通 □整存整取 □通知存款（1天/7天/★7天约定转存） □普通活期 □定活两便 □教育储蓄 □零存整取

□凭证式国债 □存本取息 □其他____ 币别____ 金额____ 存期____

转存方式：自动转存 □是 □否　支取方式：□凭密码支取 □其他____　利息支取方式：□转入其他账户 账号____

已有卡号/账号 ____ **（存量客户请填写）**

增 加 关 联 **账号1**____ **账号2**____

第一联 银行留存

电子银行服务

网上银行	□开通	□查询版 □理财版 □贵宾版 □升级到理财版 □升级到贵宾版	**认证工具选择** □E-TOKEN-手机交易码（手机交易码将发到客户资料中的手机号码中） □USBKEY证书
家居银行	□开通		
手机银行	□开通 □开通手机号码登录，签约手机号码____ □开通手机银行用户名登录		
电话银行	□开通 □指定转账 □代客交易(财富/私行客户专属服务)	转出账户 账号1.____ 账号2.____ 交易限额 单笔____ 每日____ 交易电话（手机号码）____ 转入账户 账号____ 收款人姓名____ 开户行名称____	
短信通知	□★开通 提醒金额区间：下限____元（未填写则默认为任何金额变动均发送通知） □发送手机号码（主动查询）/□接收手机号码 □其他____。 签约账号/卡号 1.____ 2.____ 缴费账号：□同签约账号/卡号____ □其他____		
E-mail通知	□开通 E-mail____		

投资理财

基金代销	□★开立银行交易账户 资金账号____ □登记基金账户 基金账号____ □签约基金账户通知：□其他____ □签约对账单 地址/邮编/E-mail： □其他____ **基金有风险，投资需谨慎。本人签署了《中国银行股份有限公司基金交易协议》并认真阅读了《证券投资基金投资人权益须知》，充分知晓基金交易的相关风险。**		
理财账户	□★签约 签约账户____ □解约 □客户风险测评 □客户资料修改 □资金账号新增/修改 □★快信通签约 □快信通资金账号新增/修改 □快信通解约 □快信通手机号码修改 □其他____ 修改信息____		
第三方存管/B股银证转账	□★开通	**储蓄式国债(电子式)/记账式国债★**	□储蓄式国债（电子式） □记账式国债 资金账号____ □同本表所填已有卡号/账号
银期转账	□★开通	资金账号____	□同本表所填已有卡号/账号
备　注			

注明★的产品需另签订相关协议。

本人承诺上述所提供的开户资料真实、有效，如有伪造、欺诈，自愿承担法律责任。

本人已阅读并了解本申请表中"中国银行股份有限公司个人账户开户及综合服务协议书"的有关条款，保证遵照该协议的有关约定、客户须知、服务协议和银行最新业务章程、业务规则、业务规定办理相关业务。

申请人（代理人）签字：____ 年 月 日　银行签章____ **经办：**____ **复核：**____

不给陌生人汇款、转账，谨防被骗造成损失。

图 3-1　个人账户开户及综合服务申请表

债券买入申请书 客户回执

交易码 年 月 日柜员号 传票号

		客户回执
客户填写	户名______ 债券代码______ 面额______元 债券简称 托管账号 备注	交易日期及时间 经办银行 户名 托管账号 借记卡号
银行填写	户名 托管账号 借记卡号 债券简称 交易类别 债券代码 面额 价格 本人同意按银行记录成交，签字确认：	交易性质 债券代码 债券简称 债券面额 结算价格 结算金额 净价 应计利息 债券结余 债券利率 % 债券到期日

附件 张 事后监督 经办 复核 经办

图 3-2 债券买入申请书

第二步：到柜面办理手续。

客户填完开户单后，携带身份证、银行卡（或现金）和开户单到柜面办理托管手续即可，如图 3-3 所示为债券托管账户卡。

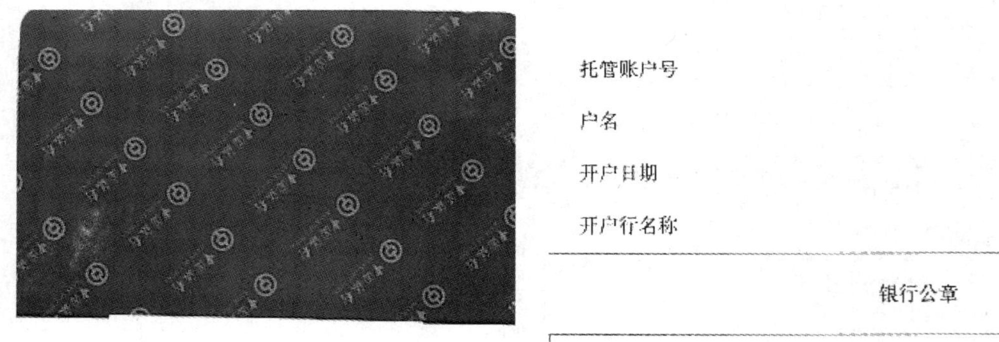

图 3-3 债券托管账户卡

情景模拟

两人一组，其中一人扮演理财专员，引导客户购买凭证式国债；另一人扮演客户王大爷，在理财专员的引导下，完成P080405凭证式国债的购买（表3-1为该凭证式国债的基本资料）。

表3-1 某国债基本资料

债券代码	P080405
国债名称	2008年凭证式(四期)国债(5年期)
国债类型	凭证式
国债期限	5年
国债面值	100.0000元
发行主体	中华人民共和国财政部
计息方式	固定利率
票面利率	6.34
发行期_开始日期	2008-08-01
发行期_结束日期	2008-08-10
发行对象	向社会公开发行
预计发行额	60亿元
发行价格	100
发行方式	网下公开发售
承销方式	代销
国债到期日	2013-08-10
付息日	2013年8月1日起至2013年8月10日
兑付方式	到期一次还本付息
备注	从购买之日起，满半年不满1年按0.72%计息；满1年不满2年按3.33%计息；满2年不满3年按4.32%计息；满3年不满4年按5.76%计息，满4年不满5年按6.03%计息

工作评估

给自己的工作绩效打个分吧！

评分内容	评分标准	参考分值	得分			
			自评	互评	教师评分	综合评分
服装得体	穿工作装，穿戴干净、整齐	10				
语言流畅	语言连贯，用词准确	10				
声音清晰	吐字清晰，音量适中	10				
服务意识	态度和蔼，礼貌待人，全身心地为客户服务	20				
理财建议	理财知识阐述准确，体现专业性	50				
总分						

工作内容

运用储蓄国债(电子式)理财产品为普通客户提供理财咨询与服务。

客户资料

今日客户王红来到银行,想购买电子储蓄国债,请你为其提供理财咨询与服务。

学一学

下面,我们先一起了解一下电子储蓄国债吧!

1. 电子储蓄国债的定义

储蓄国债是政府面向个人投资者发行,以吸收个人储蓄资金为目的,满足长期储蓄性投资需求的不可流通记名国债品种。

通俗地说,储蓄国债相当于到银行去开一个专用存折,只不过里面记载的不是存款,而是储蓄国债的买卖和利息收入记录。

2. 储蓄国债的投资优势

(1) 针对个人投资者。

(2) 不可流通性。

(3) 采用电子方式记录债权。

(4) 收益安全稳定:适合低风险偏好的投资者。

(5) 鼓励持有到期:设有最低持有期限,在持满最低期限后方可办理提前兑取,并被扣除部分利息,同时要支付相应手续费。

(6) 手续简化:省去了兑付手续,本金或者利息到期直接转入投资人资金账户。

(7) 付息方式较为多样:设计了按年支付利息的品种,适合个人投资者存本取息的投资习惯。

理财技巧

凭证式国债和储蓄国债(电子式)盈利技巧

(1) 提前预约购买。

国债是稀缺产品,其发行网点、发行时间和发行数量都有限,如果想购买国债最好和银行网点工作人员提前约好,让他们电话通知。

(2) 买什么品种心里有数。

凭证式国债期限多为2年、3年和5年,到期一次性还本付息;电子式国债期限多为3年、5年,每年付息一次。半年内不准提前兑取或提前兑取不计付利息,半年后提前兑取需按兑取本金额的0.2%收取手续费。

(3) 到期日立即转存。

国债逾期不计利息,为避免利息损失,最好于到期日当天到银行支取本息。

(4) 在加息预期下,最好分批入市。

(5) 储蓄国债(电子式)和其他理财产品组合购买。

电子式储蓄国债每年付息一次，因此为了合理安排资金，可结合其他理财产品做资产配置。

工作流程

第一步：开户。

引导客户填写储蓄国债(电子式)开户申请书(见图 3-4)。

储蓄国债（电子式）开户申请书

投资人姓名：__________ 性别：☐ 男 ☐ 女

开户类型：

☐ 仅开办储蓄国债（电子式）业务

☐ 同时开办储蓄国债（电子式）、记账式国债柜台交易业务

☐ 增开储蓄国债（电子式）业务，原托管账号：__________

资金账户类型：☐ 借记卡 ☐ 活期存折 ☐ 活期一本通

资金账户账号：__________

证件类型：☐ 身份证 ☐ 户口薄 ☐ 军官证 ☐ 其他__________

证件号码：__________ *传真号码：__________

联系地址：__________

邮政编码：______ 联系电话：__________ *手机号码：__________

*E-Mail地址：__________

本人已阅读《××银行储蓄国债（电子式）业务章程》中各项条款，对该章程内容无异议，确认上述资料真实、准确，自愿在××银行开立储蓄国债托管账户、委托××银行进行债权托管，并在××银行办理各项储蓄国债业务。

投资人签字：__________

说明：标有*的是选填项，其他为必填项。 年 月 日

图 3-4 储蓄国债(电子式)开户申请书

第二步：填写认购(见图 3-5)或提前兑付申请书(见图 3-6)。

中华人民共和国储蓄国债（电子式）认购确认书

年 月 日 流水号：

个人信息	户 名			
	托管账号		资金账号	
债券基本信息	债券代码		期 限	年
	起 息 日		到 期 日	
	付息方式		认购面额	元
	计息方式			
提兑	持有区间： 月— 月，适用利率： 0 ，扣除利息天数： 天；			
	持有区间： 月— 月，适用利率：执行利率，扣除利息天数： 天；			
	持有区间： 月— 月，适用利率：执行利率，扣除利息天数： 天；			
	持有区间： 月— 月，适用利率：执行利率，扣除利息天数： 天。			

银行签章

图 3-5 储蓄国债(电子式)认购确认书

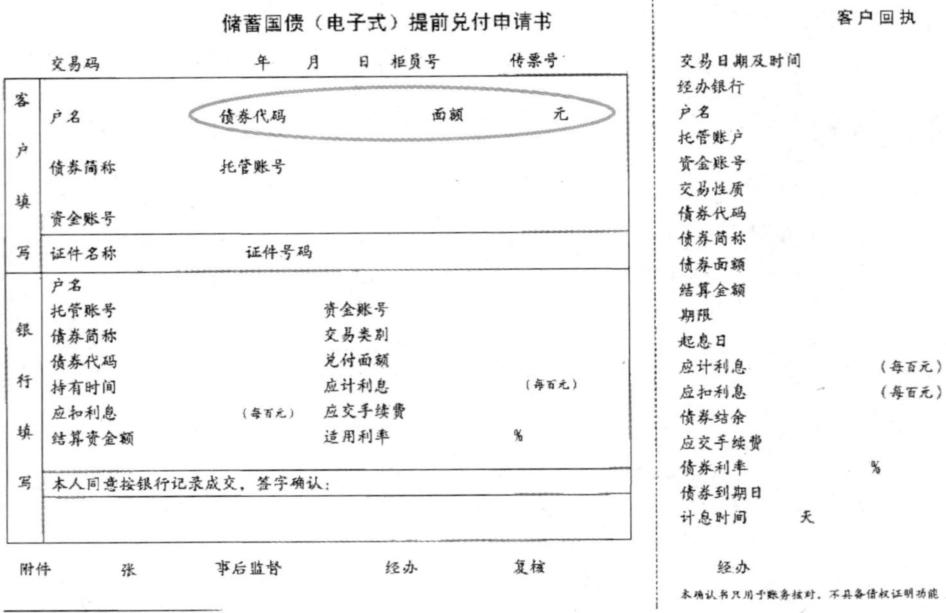

储蓄国债（电子式）提前兑付申请书

交易码　　年　月　日　柜员号　　传票号

客户填写	户名　　债券代码　　面额　　元
	债券简称　　托管账号
	资金账号
	证件名称　　证件号码
银行填写	户名 托管账号　　资金账号 债券简称　　交易类别 债券代码　　兑付面额 持有时间　　应计利息　（每百元） 应扣利息（每百元）　应交手续费 结算资金额　　适用利率　%
	本人同意按银行记录成交，签字确认：

附件　张　事后监督　经办　复核

客户回执

交易日期及时间
经办银行
户名
托管账户
资金账号
交易性质
债券代码
债券简称
债券面额
结算金额
期限
起息日
应计利息　（每百元）
应扣利息　（每百元）
债券结余
应交手续费
债券利率　%
债券到期日
计息时间　天

经办

本确认书只用于账务核对，不具备债权证明功能

图 3-6　储蓄国债(电子式)提前兑付申请书

第三步：到柜面办理手续。

客户填完资料后，携带银行卡、身份证和填好的资料到柜面办理手续。

情景模拟

两人一组，其中一人扮演理财专员，引导客户购买电子储蓄国债；另一人扮演客户王红，在理财专员的引导下，完成电子储蓄国债的购买(表 3-2 为电子储蓄国债的产品资料)。

表 3-2　某电子储蓄国债产品资料

债券代码	09105	债券名称	2009 年凭证式(一期)国债(5 年)
年利率(%)	4.00	付息方式	半年内不计息
期限	60 个月	发行起始日	2009-03-16
发行截止日	2009-03-25	到期兑付日	2014-03-16

工作评估

给自己的工作绩效打个分吧！

评分内容	评分标准	参考分值	得分			
			自评	互评	教师评分	综合评分
服装得体	穿工作装，穿戴干净、整齐	10				
语言流畅	语言连贯，用词准确	10				
声音清晰	吐字清晰，音量适中	10				

续表

评分内容	评分标准	参考分值	得分			
			自评	互评	教师评分	综合评分
服务意识	态度和蔼，礼貌待人，全身心地为客户服务	20				
理财建议	理财知识阐述准确，体现专业性	50				
总分						

任务4　分红型保险理财投资

任务目标

(1) 学习分红型保险的基本知识；
(2) 学习分红型保险的理财技巧；
(3) 学习分红型保险的办理流程；
(4) 树立岗位意识、理财服务意识。

岗前准备

分红型保险产品投保书。

工作内容

运用分红型保险理财产品为普通客户提供理财咨询与服务。

客户资料

客户王刚今日来到银行，想购买一款分红型保险，请你为他提供理财咨询与服务。

学一学

下面，我们先一起了解一下分红型保险吧！

分红型保险属于保险理财产品。保险理财产品主要是指具有投资功能的投资型保险产品，目前市场上常见的投资型保险产品主要有分红型保险产品、万能型保险产品和投资连结型保险产品。

1. 分红型保险的定义

分红型保险是指保险公司将可分配盈余按照一定比例以现金红利或增值红利的形式分配给保单持有人的一种人寿保险。

2. 红利派发方式

(1) 现金红利

客户将所得红利直接以现金方式领取。

(2) 累积生息

红利留存于保险公司,按保险公司每年确定的红利累积利率,以复利方式储存生息,并于本合同终止或投保人申请时给付。

(3) 抵交保费

红利用于抵交下一期的应交保险费,若抵交后仍有余额,则用于抵交以后各期的应交保险费。

(4) 购买交清增额保险

依据被保险人的当时年龄,以红利作为一次交清保险费,按相同的合同条件增加保险金额。

3. 分红型保险的特点及缺陷

(1) 特点

① 保证保单固定保障利益。分红险是没有风险的,保额固定,到期有固定收益。

② 分配红利。分红保险产品除具有传统保险产品的基本保障功能外,还具有客户可以与公司一起共同分享保险公司每年的实际经营成果(红利)的权利。相对于传统保险产品而言,红利是保险公司的让利行为,是客户额外得到的一笔收益。

③ 中途可退保。

(2) 缺陷

① 分红有限:分红是根据保险公司经营状况来决定收益的,但相关规定是保险公司70%的利润都必须分配给客户,所以每一年的分红都是不确定的,大经济环境不好时分红可能也不太理想。

② 中途退保得不偿失:保险产品虽说可中途退保,但是会损失一笔钱,得不偿失,因此最好不要中途退保。

小常识

保险中的常用术语

(1) 投保人是指与保险公司订立保险合同,并按照保险合同负有支付保险费义务的人。

(2) 被保人是指根据保险合同,其身体或生命受保险合同保障,享有保险金请求权的人。被保人年龄应为 60 天～70 周岁。18 周岁以下未成年人须由父母(包括继父母和养父母)或其他法定监护人为其投保。

(3) 受益人是指人身保险合同中由投保人或者被保险人指定的享有保险金请求权的人。

(4) 保险单简称保单,是指保险公司给投保人的凭证,证明保险合同的成立及内容。保单上载有参加保险的种类、保险金额、保险费、保险期限等保险合同的主要内容,保险单是一种具有法律效力的文件。

(5) 保险金额简称保额,是指保险公司承担赔偿或者给付保险金责任的最高限额。

(6) 保费豁免是指在保险合同规定的某些特定情况下导致完全丧失工作能力时，由保险公司获准，同意投保人可以不再缴纳后续保费，保险合同仍然有效。失去工作能力意味着收入锐减，如果保单附加了保费豁免功能，就可在一定程度上避免因为失业而带来的经济困难，保费豁免是保险中一种人性化的功能。

(7) 犹豫期是指投保人签收保单后十天内，可以无条件向保险公司提出退保，该“十天”即通常所说的“犹豫期”。在犹豫期内申请解约退保，保险公司将全额退还缴纳的保费。客户可以充分利用“犹豫期”的有关规定，冷静考虑自己投保的险种、期限、费用是否合适，更好地保障自己的利益。

理财技巧

投资分红型保险需要考虑的因素

1. 保险公司的经营水平

分红保险的红利来自于保险公司的总盈余，所以公司的总体收益情况对该种分红产品的分红状况至关重要。购买分红保险是以保险公司的实力为基础的，购买时可以从当前及以往市场状况考察公司的经营绩效。

2. 保险公司的分配体系

保险公司的可分配盈余一般作为年度红利的分配基础，而总盈余中的剩余部分即未分配盈余的处理又因公司的不同而有所不同。

3. 利率的高低

低利率时代，更要选择分红型保险。增加了分红功能后，在一定程度上可以抵御通货膨胀和利率变动。尤其是在低利率时代，购买分红险可以抵御未来市场利率上升造成的投资收益损失。

4. 投资分红保险要做好长期投资的准备

分红保险能够将红利按复利计息，因此，应该尽量购买长期的分红保险，不仅享有保险保障，而且保险期限越长，复利的时间越长，则获得的实际回报率越高。

工作流程

第一步：根据客户需求向客户介绍所代理的保险公司分红型保险产品信息。

第二步：指导客户填写投保单。

注意：各个保险公司的投保书格式并不相同，图 4-1 以某一保险公司的投保书做参考。

第三步：办理手续。

如果是银保通业务，直接带领客户到柜面办理手续，领取保险合同；否则，客户填完投保单后直接交理财专员，由银行递交给保险公司，3～7 日后客户再来银行领取保险合同。

银代保险专用投保书及授权声明

UA006

投保人	姓 名:	性别：男☐ 女☐	出生日期： 年 月 日	与被保险人关系
	证件名称:	证件号码		证件有效期限
	国 籍:	移动电话:	固定电话:	职业名称
	通信地址:( )省( )市( )区／县			职业编码
	( )门牌号			邮政编码
被保险人	姓 名:	性别：男☐ 女☐	出生日期： 年 月 日	联系电话
	证件名称:	证件号码		证件有效期限
	通信地址:( )省( )市( )区／县	国 籍		职业名称
	( )门牌号	邮政编码		职业编码

	险种名称	险种代码	保险期间	满期年龄	保险金额	投保份数	保险费	交费期间
投保事项			(按险种二选一填写)		(按险种二选一填写)			(年或至周岁)
	保险费合计:(大写)						(小写) ¥:	
	指定账户：投保人账户姓名:				交费方式： 一次交清☐ 年交☐ 月交☐			
	开户行全称:				账 号			
	领取信息	领取频率：一次性☐ 月领☐ 年领☐			领取期限：五年☐ 十年☐ 十五年☐ 二十年☐			
		领取年龄:			领取方式：固定期限平准式☐ 6%算术递增式☐			

身故受益人姓名	国籍	证件名称	证件有效期限	证 件 号 码	与被保险人关系	受益顺序	受益份额%

投保人告知：未成年被保险人在其他公司已参保的累计身故保险金额为： 元。

声明栏

1. 被保险人未患有下列疾病：恶性肿瘤、脑血管疾病、心功能不全Ⅱ级以上、高血压Ⅱ级以上、糖尿病、心肌梗塞、肝硬化、慢性肾脏疾病、肾功能不全、再生障碍性贫血、癫痫、系统性红斑狼疮、性传播疾病、白血病、慢性酒精中毒、精神疾病、智力障碍、阿尔兹海默氏病（老年痴呆或早老年痴呆症）、帕金森氏病、重症肌无力、多发性硬化症、失明、瘫痪、先天性疾病、遗传性疾病、艾滋病或艾滋病病毒携带者；被保险人未曾或正在吸毒。
2. 被保险人无从事职业潜水、跳伞、滑翔、攀岩、探险、武术比赛、摔跤比赛、特技表演、赛马、赛车、私人性质飞行活动（乘客身份搭乘民航客机除外）等带有危险性的活动。
3. **贵公司已向本人提供保险条款，说明保险合同内容，特别提示并明确说明了免除保险人责任的条款。本人已认真阅读并理解保险责任、责任免除、合同生效、解除、未成年人身故保险金限额、保险事故通知等保险条款的各项内容，以及分红保险、万能保险、投资连结保险等新型产品的产品说明书。**
4. 本人在投保书中的所有陈述和告知均完整、真实，已知悉本投保书如非本人亲笔签名，将对本保险合同效力产生影响。
5. **本人已知晓犹豫期事宜**：保险期间在一年以上的合同设有犹豫期，**即自投保人收到保险单并书面签收之日起十日的期间**。在犹豫期内投保人申请退保的，保险公司收到退保申请后，保险合同终止，并在扣除一定工本费后将实际交纳的保险费退还投保人。犹豫期过后投保人申请退保的，保险公司收到退保申请后，保险合同终止，并将保险单的现金价值退还投保人。
6. 本人及被保险人授权贵公司在必要时可随时向被保险人所诊治的医院或医师及有关机构，查询有关记录、诊断证明，本人和被保险人均无异议。
7. 本人授权贵公司委托本人开户银行对指定账户按照保险合同约定的方式、金额，划转首期、续期保险费及以转账方式将保险金、退保金、退费等给付转入指定账户，若本人指定账户发生变更，及时至贵公司办理变更手续。
8. **本人已知悉本投保书不得作为收取现金的凭证，公司未授权保险营销员、保险中介机构（银行除外）收取1000元以上的现金保险费。**
9. “本人已阅读保险条款、产品说明书和投保提示书，了解本产品的特点和保单利益的不确定性”。请在以下空白处，抄写上述内容：

投保人签名： 被保险人（或法定监护人）签名： 投保日期： 年 月 日

经办机构	网点代码:	经办人签章: （编号: ）	机构签章:	银行代码:
保险公司	业务员姓名:	业务员号:	联系方式:	所属机构:

须用黑色或蓝黑色墨水笔字迹工整、完整准确填写，并由投保人、被保险人亲笔签名。

全国统一客服电话：

1202C

第一联 公司留存

图 4-1 某保险公司投保书

情景模拟

两人一组，其中一人扮演理财专员，引导客户购买分红型保险产品；另一人扮演客户王刚，在理财专员的引导下，根据表4-1中的产品信息帮客户完成分红型保险产品的购买。

表4-1　某保险产品资料

产品名称	××两全保险(分红型)
产品属性	理财型保险
发行公司	××保险有限公司
适用人群	适合有一定保障需求、追求稳健收益的人群
产品特色	一次交费，5年稳健收益 三重保障，最高达4.5倍保费 年年享分红，收益添惊喜 保单能借款，最高可借现金价值的90% 18～60周岁均可投保，最低1万元保费起售
产品功能	中短期财务规划，可保单借款
保险期间	5年
保险责任	稳健收益 5年满期可获相当于111%保费的保险金额 年年分红 根据分红保险业务的实际经营状况享受周年红利，按累积利率年复利累积生息 周年红利的分配是不保证的 三重保障 身故保障，如非因意外伤害身故，身故保险金为105%趸交保险费和现金价值两项中的较大值；如因遭受意外伤害导致身故，身故保险金增至300%趸交保费；如因乘坐客运飞机遭受航空意外导致身故，身故保险金增至450%趸交保费 具体保险责任请以条款为准
保险费	根据保险金额收费不同
最高购买金额	投保人年龄为18(含)～60周岁(不含)，最高累计保费限制400万元；投保人年龄为60周岁，最高累计保费限制200万元 单次投保趸交保费必须小于20万元
缴费方式	一次性支付全部保险费
支付方式	网银支付
注意事项	投保人与被保险人必须为同一人 被保险人年龄上限：60周岁 可保利益规则：受益人与被保险人之间的关系必须为：配偶、子女、父母、法定

工作评估

给自己的工作绩效打个分吧！

评分内容	评分标准	参考分值	得分			
			自评	互评	教师评分	综合评分
服装得体	穿工作装，穿戴干净、整齐	10				
语言流畅	语言连贯，用词准确	10				
声音清晰	吐字清晰，音量适中	10				
服务意识	态度和蔼，礼貌待人，全身心地为客户服务	20				
理财建议	理财知识阐述准确，体现专业性	50				
总分						

项目 2 VIP 客户理财

任务 5 储蓄类产品理财投资

任务目标

(1) 学习通知存款业务的基本知识;
(2) 学习通知存款的理财技巧;
(3) 学习通知存款的办理流程;
(4) 树立岗位意识、理财服务意识。

岗前准备

(1)《个人账户开户及综合服务申请表》;
(2)《个人智能通知存款产品申请表》。

工作内容

运用通知存款理财产品为 VIP 客户提供理财咨询与服务。

客户资料

客户张冰今日来到银行,想把他银行卡里的 50 万元办理通知存款业务,请你为他提供理财咨询与服务。

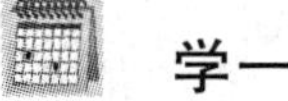

学一学

下面,我们先一起了解一下通知存款吧!

1. 通知存款的定义

通知存款指存款人在存款时不约定存期,支取时需提前通知银行,约定支取存款日期和金额后进行支取。通知存款分为一天通知存款和七天通知存款两种。起存金额 5 万元,存款人须一次存入,可以一次或分次支取,最低支取金额为 5 万元。

为了更好地体现通知存款的便捷性和收益性,目前许多银行推出了智能通知存款。所谓个人智能通知存款,是指当客户人民币活期存款账户资金余额达到个人人民币通知存款起存金额时,银行为客户自动提供一天或七天自动转存通知存款服务,并根据存款余额变动周期给予客户相应的一天或七天通知存款利息。

2. 通知存款的优势

通知存款利率高于活期利率，既保证了用款需要，又享受活期利息两至三倍左右的收益。

例如，作为一种流动性和收益性都能较好兼顾的储蓄存款产品，投资人在“十一”长假期间，股票或外汇行情较为清淡的时候，可以选择“通知存款”作为大额闲散资金安置的渠道，获取高于活期存款的收益。

对于智能通知存款，当指定个人活期类存款账户资金余额达到或超过中国人民银行规定的通知存款起存金额时，若此账户资金余额连续七天不发生变化，则在结息日按照当日七天通知存款利率计息，并在当期期末结息入账；若此账户资金余额在未满七天时即发生变动，则在动户日按一天通知存款利率计息。

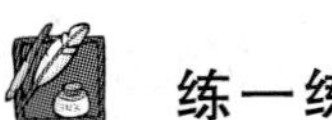

练一练

将100万元闲置资金办理通知存款，约定7天后取款，则7天后所得利息是多少？如存7天活期，7天后所得利息是多少？（假设1天期通知存款利率为0.8%，7天期通知存款利率为1.35%，银行活期存款利率为0.35%）

工作流程

第一步：开户。

理财专员指导客户填写《个人账户开户及综合服务申请表》(见图5-1)。

第二步：填写《个人智能通知存款产品申请表》(见图5-2)。

第三步：到柜面办理手续。

客户填完资料后，需携带有效身份证件、活期类存款账户和填好的资料到柜面办理手续。

情景模拟

两人一组，其中一人扮演理财专员，引导客户办理通知存款；另一人扮演客户张冰，在理财专员的引导下，完成通知存款业务的办理。

工作评估

给自己的工作绩效打个分吧！

评分内容	评分标准	参考分值	得分			
			自评	互评	教师评分	综合评分
服装得体	穿工作装，穿戴干净、整齐	10				
语言流畅	语言连贯，用词准确	10				
声音清晰	吐字清晰，音量适中	10				
服务意识	态度和蔼，礼貌待人，全身心地为客户服务	20				
理财建议	理财知识阐述准确，体现专业性	50				
总分						

个人账户开户及综合服务申请表

手机银行登录网址： 24小时客服热线：

客户信息

*姓名____ *汉语拼音姓名____（姓）____（名） *手机号码____ 家庭电话____
*证件类型 □居民身份证 □护照 □其他____ *证件号码____ *发证机关____
*地址类型 □家庭地址 □单位地址 *地址____（国家）____（省/自治区/直辖市）____（市/区/县）____
____（街道/小区/单位/门牌号） *邮编____ *职业____ *月收入____
以下服务申请中手机号码/地址均默认为本栏所填，如另有需求，请于下表相应栏位填写。

*代理人姓名____ *电话____ *证件类型____ *证件号码____
*地址____ 注明*的栏位为必填项。请客户（代理人）携带有效身份证件前往柜台办理业务。

借记卡、储蓄产品

□长城电子借记卡 □中银理财贵宾卡 □财富管理贵宾卡 □其他____ □开立附属卡
开立借记卡对账簿：□活期类交易对账簿 □定期类交易对账簿 □开通借记卡银联无卡支付：无卡支付每日累计限额____元
借记卡ATM每日转账累计限额____元（0~5万元，默认5万元） 借记卡境外POS消费每日累计限额____元
借记卡交易限额如填写"0"则表示关闭此项服务，如未填写则为银行默认值。
□活期一本通 □定期一本通 □整存整取 □通知存款（1天/7天/★7天约定转存） □普通活期 □定活两便 □教育储蓄 □零存整取
□凭证式国债 □存本取息 □其他____ 币别____ 金额____ 存期____
转存方式：自动转存 □是 □否 支取方式：□凭密码支取 □其他____ 利息支取方式：□转入其他账户 账号____

已有卡号/账号____ （存量客户请填写）
增加关联 账号1____ 账号2____

第一联 银行留存

电子银行服务

网上银行	□开通	□查询版 □理财版 □贵宾版 □升级到理财版 □升级到贵宾版	认证工具选择 □E-TOKEN、手机交易码（手机交易码将发到客户资料中的手机号码中） □USBKEY证书
家居银行	□开通		
手机银行	□开通		
	□开通手机号码登录，签约手机号码____ □开通手机银行用户名登录		
电话银行	□开通 □指定转账 □代客交易（财富/私行客户专属服务）	转出账户 账号1、____账号2、____ 交易限额 单笔____ 每日____ 交易电话（手机号码）____ 转入账户 账号____ 收款人姓名____ 开户行名称____	
短信通知	□★开通 提醒金额区间：下限____元（未填写则默认为任何金额变动均发送通知） □发送手机号码（主动查询）/□接收手机号码 □其他____ 签约账号/卡号 1.____ 2.____ 缴费账号：□同签约账号/卡号____ □其他____		
E-mail通知	□开通 E-mail____		

投资理财

基金代销	□★开立银行交易账户 资金账号____ □登记基金账户 基金账号____ □签约基金账户通知：□其他____ □签约对账单 地址/邮编/E mail： □其他____ **基金有风险，投资需谨慎。本人签署了《中国银行股份有限公司基金交易协议》并认真阅读了《证券投资基金投资人权益须知》，充分知晓基金交易的相关风险。**		
理财账户	□★签约 签约账户____ □解约 □客户风险测评 □客户资料修改 □资金账号新增/修改 □★快信通签约 □快信通资金账号新增/修改 □快信通解约 □快信通手机号码修改 □其他____ 修改信息____		
第三方存管/B股银证转账	□★开通	储蓄式国债(电子式)/记账式国债★	□储蓄式国债（电子式） □记账式国债 资金账号____ □同本表所填已有卡号/账号
银期转账	□★开通	资金账号____	□同本表所填已有卡号/账号
备注			

注明★的产品需另签订相关协议。
本人承诺上述所提供的开户资料真实、有效，如有伪造、欺诈，自愿承担法律责任。
本人已阅读并了解本申请表中"中国银行股份有限公司个人账户开户及综合服务协议书"所有条款，保证遵照该协议的有关约定、客户须知、服务协议和银行最新业务章程、业务规则、业务规定办理相关业务。

申请人（代理人）签字：____ 年 月 日 银行签章____ 经办：____ 复核：____

不给陌生人汇款、转账，谨防被[illegible]成损失。

图 5-1 个人账户开户及综合服务申请表

个人智能通知存款产品申请表

姓名：________________ 证件类型：__________ 证件号码：________________

联系地址及电话：________________________________

代办人姓名：______________ 证件类型：__________ 证件号码：________________

联系地址及电话：________________________________

申请内容 ：☐签约 ☐解约 本次申请涉及账户/借记卡：________个

账号/卡号：1.__________________ 3 .__________________

2.__________________ 4 .__________________

银行股份有限公司个人智能通知存款产品协议书

甲方：　银行股份有限公司

乙方：申请人

为保证乙方在甲方开办个人智能通知存款产品的合法权利，规范业务管理，经甲乙双方友好协商，达成以下协议：

第一条 个人智能通知存款（以下简称：智能通）产品是指乙方与甲方签订协议后，当乙方指定的个人人民币活期存款账户资金余额达到个人人民币通知存款（以下简称：通知存款）起存金额时，甲方为乙方自动提供一天或七天自动转存通知存款服务，并根据存款余额变动周期给予乙方相应的一天或七天通知存款利息。

第二条 智能通产品支持个人人民币普通活期和个人活期一本通账户（人民币子账户），以下统称：个人活期类存款账户；支持个人人民币储蓄账户和结算账户。不支持个人外币存款账户、个人支票账户。

第三条 乙方可根据需求办理其名下一个或多个账户的智能通产品的签约、解约，以及签约/解约关系查询申请。应由乙方持本人有效身份证件和账户配发的借记卡或存折到甲方联网网点办理，如乙方委托他人代办，还须同时出具代办人有效身份证件。

第四条 智能通产品处理机制为：

（一）当乙方指定个人活期类存款账户资金余额达到或超过中国人民银行（以下简称：央行）规定的通知存款起存金额时：若此账户资金余额连续七天不发生变化，则在结息日按照当日七天通知存款利率计息，并在当期期末结息入账；若此账户资金余额在未满七天时即发生变动，则在动户日按一天通知存款利率计息（若遇利率变动，变动前按旧利率计息，变动后按新利率计息）。利息计算截止到余额变动日前一天，相关利息在余额变动日入账。

（二）当上述账户资金余额发生变动，且低于通知存款起存金额时，将按照个人人民币活期存款（以下简称：活期存款）计息处理。

（三）判断本条中上述“账户余额是否发生变化”的原则为：按当日日终余额与上日日终余额相比较，来判断该账户的余额是否发生变化（包括解约，以下统称：动户），但每个结息周期的第一天资金变动不算作动户。若发生动户，则进行结息处理，结息处理（销户结清时除外）将在夜间批量执行，柜台交易时不执行。

温馨提示：

在季末结息日，无论账户是否动户，都结通知存款利息（如有）和活期存款利息（如有），若季末结息日时，账户余额满足通知存款条件且正好七天未发生变化，则按七天通知存款利率结息。若季末结息日时，账户余额满足通知存款条件但未变天数不满七天，则按一天通知存款利率结息，利息计算至结息日当天；在此

（本协议背面仍有内容，请继续阅读）

第一联 银行留存

注：1. 本《申请表》一式两联，第一联为银行留存联，第二联为客户留存联。

2. 本《申请表》中所有栏位（除代办人相关信息）均须逐项填写，若非账户所有人本人办理，则还须填写“代办人姓名”等代办人相关信息。

图 5-2　个人智能通知存款产品申请表

情况下，若该账户在当日发生了动户，则先按动户进行处理（即先把截止当日前一天的存款按一天通知存款利率结息），再根据动户后的余额是否满足通知存款条件，按一天通知存款或活期存款利率结息。

（四）智能通产品签约后，若央行对通知存款的起存金额进行调整，则：

1. 若账户余额满足调整前通知存款起存金额且七天未发生变化，则当前通知存款结息期内仍按调整前的起存金额作为判断是否满足通知存款的条件，从下一结息期开始，使用调整后的起存金额作为判断依据。

2. 若账户余额满足调整前通知存款起存金额，但未发生动户的时间未超过七天，则央行调整起存金额后，账户动户前的存期内按调整前的起存金额作为判断是否满足通知存款的条件，账户动户后，按调整后的起存金额作为判断依据。

（五）账户办理解约后，对于满足通知存款条件的账户，解约当日晚间甲方系统批量按一天通知存款利率将账户截止到解约当日前一日的通知存款做结息处理，自解约当日（含当日）开始按活期存款利率计息。

（六）对于当日解约后又重新签约的账户，若该账户满足通知存款条件，解约当日晚间批量按一天通知存款利率把账户截止到解约当日前一日的通知存款利息进行结息，自当日（含当日）开始按新合同累计应付利息。

（七）对于解约后同时办理销户的账户，若该账户满足通知存款条件，则甲方系统按截止到解约日前一日应付活期存款利息（如有）和通知利息进行结息处理。

第五条 签约智能通产品后，签约账户将不允许再办理以下业务：

（一）不允许再作为利息转出账户（如果在签约前已为利息转出账户，则不能签约智能通产品，须先将该账户改为非利息转出账户）。

（二）签约账户（包括：当天解约的）不能再办理转产品业务，即：不能改变该账户的属性，如储蓄账户，结算账户和医保账户之间不能再进行互转。

（三）不能再办理存贷理财业务（如果在签约前已办理存贷理财业务，则不能签约智能通产品，须先取消该业务）。

（四）不能直接关户，必须先办理智能通产品解约。

第六条 智能通产品的有效期为，自签约日（签约时即生效）起，直至解约日（解约时即失效）。签约后甲方系统将根据账户余额所达到本协议中约定的各项条件，自动在相应的结息期进行结息处理，按活期存款（如有）和通知存款(如有)分别进行利息计算、结息处理，并体现在存折或其他对账凭证中。

乙方应确保签约账户状态正常，若由于乙方签约账户状态不正常等原因造成利息入账不成功等后果，甲方不承担责任。

第七条　账户在签约智能通产品期间，如遇法规政策、经济以及不可抗力因素的影响或监管机构要求，甲方经提前公告可终止本产品。本产品终止前的利息仍按上述约定计息，本产品终止后的利息按活期存款计息。

第八条　签约智能通产品期间，如遇央行通知存款利率或计息方式调整，可能导致签约智能通产品的存款利息收入高于或低于未签约的存款，是否签约此项产品，请乙方慎重考虑、自主决定。

第九条　甲方系统升级、业务变化或收费变更，或根据业务发展需要修改本协议，甲方将提前进行公告。若乙方有异议，有权选择注销相关服务，若乙方未注销相关服务或继续接受该服务的，视为乙方同意接受该变更或修改，相关业务或协议按变更后的内容执行。

双方同意，本协议所称“公告”均指在甲方营业网点、甲方网站　　　　　　　　　　等公告。

第十条　双方在履行本协议过程中，如发生争议，应协商解决。协商解决不成的，任何一方均可向甲方经办机构所在地人民法院提起诉讼。

第十一条　乙方所填具的书面申请资料及使用甲方产品/服务所签署的相关协议、凭证等文件，均为本协议不可分割的一部分，具有同等法律效力。

第十二条　本协议自乙方在《××银行股份有限公司个人智能通知存款产品申请表》上签字、甲方经办机构在该申请表上加盖业务专用章之日起生效，至发生下列任一情形时终止：

（一）双方就本协议项下的智能通产品的权利义务按约定履行完毕；

（二）乙方申请办理智能通产品解约。

第十三条　本协议甲乙双方各持一份，具有同等法律效力。

甲方签章：　　　　　　　　　　　　　　　　年　　月　　日

乙方签字：　　　　　　　　　　　　　　　　年　　月　　日

图　5-2(续)

任务6 保本固定收益类理财产品投资

任务目标

(1) 学习人民币理财产品的基本知识；
(2) 学习保本固定收益类理财产品的办理流程；
(3) 树立岗位意识、理财服务意识。

岗前准备

(1)《理财产品总协议书》；
(2)《个人客户风险评估问卷》；
(3)《产品认购书》；
(4)《理财产品在售明细表》(见表 6-1)。

表 6-1 理财产品在售明细表

产品代码	产品类型	发售日期	期限	收益率(年率)	产品起点	起息日	到期日	目标客户
BB140210	保证收益类理财产品	2014年2月10日至2014年2月14日	34天	5.5%	5万元	2014年2月15日	2014年3月20日	保守型、稳健型、平衡型、成长型、进取型的有投资经验和无投资经验的个人客户
BB140220	保证收益类理财产品	2014年2月20日至2014年2月28日	91天	5.9%	10万元	2014年3月1日	2014年6月30日	保守型、稳健型、平衡型、成长型、进取型的有投资经验和无投资经验的个人客户
ZQXT2060	非保本浮动收益型	2014年2月10日至2014年2月17日	72天	6.2%	10万元	2014年2月18日	2012年4月28日	稳健型、平衡型、成长型、进取型的有投资经验和无投资经验的客户

工作内容

运用保本固定收益类理财产品为VIP客户提供咨询与服务。

客户资料

- 王梅，48岁，家庭年收入为20万元左右。
- 两年前，她开始每年拿出5万元买短期的国债品种，从未涉及其他金融产品的投资。
- 她只希望资产能够保值，属于保守投资，愿意承担一定幅度的收益波动。
- 如果有100%的机会赢取1000元现金，她才会去投资。
- 如果出现轻微的本金损失，她就会呈现明显的焦虑。
- 今天，王梅想拿5万元购买人民币理财产品，请你为她提供理财咨询与服务。

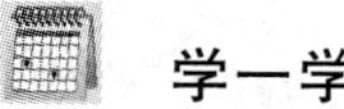

学一学

下面，我们先一起了解一下银行人民币理财产品吧！

1. 银行理财产品的类型

按理财产品收益类型分为：保本浮动收益类、保本保证收益类、非保本浮动收益类产品。

保本浮动收益类产品：投资者在到期日可获得100%的本金。但是获得的产品收益不保证。这类产品适合稳健型的投资者。目前市场上出现了保证最低收益的产品，即最差的情况为投资者在到期日获得最低收益率。一般来说最低收益率与活期存款利率相差无几。

保本保证收益类产品：投资者在到期日可以获得100%的本金并且获得的实际收益率与预期收益率一致。这类产品适合保守型的投资者。

非保本浮动收益类产品：银行不保证投资者在到期日获得100%的本金。投资者可能损失部分或者全部本金，产品收益也不确定。目前，银行理财产品市场中出现了部分保本理财产品，如90%保本，投资者在到期日最差的情况可以获得90%的本金。这类产品适合有一定风险承受能力的投资者。

2. 人民币理财的优势

(1) 信誉度高

由于人民币理财产品很多是银行推出的，而银行在中国所有金融机构中是信誉度最高的，因此，人民币理财产品具有极高的信誉保障。

(2) 收益较高

人民币理财产品可以利用银行在银行间债券市场上的绝对优势得到一些特殊的债券品种，从而为客户获得较高的投资收益。

(3) 特有优势

银行可以利用其特有的优势为人民币理财产品设定一些独有的优惠条款。购买人民币理财产品的客户一般是金融知识相对薄弱的普通储户，风险承受能力也较低，而银行人民币理财产品信誉很高，风险相对来说较小，因此适合这些普通储户把一部分维持生活必需的“保命钱”用来进行这项投资。

搜一搜

你知道根据风险承受能力不同，一般将客户分为哪几种类型？每种类型的客户分别具有哪些特征？

____

____

____

____

理财技巧

如何选择人民币理财产品

1. 要把握理财产品的特点

如果是购买以短期融资券为重点的固定收益类人民币理财产品，投资者不能一味地追求高收益，而是应该了解短期融资券的信用等级，寻找风险与收益匹配度较好的产品。

如果是购买浮动收益类结构型的人民币理财产品，由于收益结构相对复杂，投资者要了解产品的收益结构，至少对可能出现的结果有一个心理预期。

同时，由于此类产品的最高预期收益率并不代表所能获得的真实收益率，实际收益率很有可能低于预期收益率，甚至有可能收益率为负，本金受到亏损。

2. 判断挂钩标的的未来趋势

新型人民币理财产品需要投资者具有一定的金融学基础知识，需要对不同的挂钩市场和投资方向有所判断。比如对与汇率挂钩的产品，投资者就需要对汇率的未来走势有一个初步的判断，然后再选择看涨或看跌的产品。

3. 关注理财产品的流动性

投资者选择理财产品，需要从盈利性、安全性和流动性三个方面加以综合考虑。

有的银行产品会在协议中附带一条“不得提前支取”的条款，这就存在一个问题，即在投资期限内投资者需要承担利率上升的风险。

工作流程

第一步：签署《理财产品总协议书》。

客户在银行第一次购买理财产品时，需要先和银行签约（见图 6-1）。

第二步：进行风险测评。

风险测评的目的是要掌握客户的风险承受能力（见图 6-2），以便为其推荐合适的理财产品。

> 请你说说今日销售的几款理财产品有什么不同呢？

第三步：选购理财产品。

针对客户的风险评级，我们可以为客户推荐相应的理财产品，同时，我们也要应对客户提出的不同问题，因此我们自身需要对产品信息有个全面的把握。

理财产品总协议书（2013 年版）

协议书编号：______________

甲　　方：

个人投资者填写

姓名：______________联系电话：______________

证件类型：______________证件号码：______________

机构投资者填写

企业名称：______________

法定代表人／负责人：______________

住所地：______________

通信地址：______________邮编：______________

电话：______________传真：______________

乙　　方：××银行股份有限公司______________行

第一联：银行留存联

根据相关法律法规和监管规定，经甲方与乙方协商一致，就甲方向乙方购买××银行股份有限公司理财产品（以下简称“理财产品”），达成协议如下：

一、甲方首次在乙方购买理财产品时应签署本协议，本协议生效后，除双方另有约定外，在本协议有效期内甲方在乙方购买任何理财产品均适用本协议。本协议的签署并不作为甲方认购、申购或持有理财产品的凭证，甲方在购买每一具体理财产品时还应与乙方签署相应理财产品的《产品说明书》、业务凭证等，按乙方相关业务规则办理购买理财产品的手续。

本协议、《产品说明书》、《个人客户风险评估问卷》、《风险揭示书及客户交易信息确认表》以及业务凭证共同构成一份完整的、关于甲方所购某一理财产品的理财产品法律文件（以下简称“理财产品文件”）。本协议与《产品说明书》不一致的，以《产品说明书》为准。

甲方购买多个银行理财产品时，每一份针对某一理财产品的《产品说明书》及相关业务凭证与本协议共同构成一份独立的理财产品文件，该理财产品文件的效力和履行情况均独立于其他理财产品文件。

乙方将定期与甲方就本协议书内容进行书面确认，甲方应予配合。

二、甲方声明和保证：

（一）个人投资者声明和保证

1. 甲方具有完全民事行为能力，以本人合法所有的资金购买理财产品；

2. 甲方为港、澳、台人士或外籍人士的，其购买理财产品的资质及资金符合法律法规、监管规定的相关要求；

3. 甲方已如实向乙方披露其风险承受能力状况及相关信息，并已签署、确认《个人客户风险评估问卷》、《风险揭示书及客户交易信息确认表》；如发生可能影响自身风险承受能力的情况，甲方应及时告知乙方，并配合乙方对其进行风险承受能力持续评估；

4. 甲方清楚知晓、接受并承诺遵守理财产品文件，对其条款内容不存在任何疑问或异议，清楚了解所购买理财产品的收益类型、适用客户类别、投资方向、流动性、主要风险等内容，完全知晓理财产品可能出现的各种风险，愿意并能够承担这些风险；乙方向甲方提供的市场分析和预测仅供参考，甲方据此做出的任何决策出于甲方自己的判断，投资决策风险由甲方自行承担。

（二）机构投资者声明和保证

1. 甲方为依法设立并合法存续的企业法人、事业法人、社会团体或其他组织，具有依据法律法规投资理财产品的资格；

2. 签署和履行本协议系基于甲方的真实意思表示，已经按照其章程或者其他内部管理文件的要求取得合法、有效的授权，且不会违反对甲方有约束力的任何协议、合同和其他法律文件；甲方已经或将会取得签订和履行本协议所需的一切有关批准、许可、备案或者登记；

3. 甲方用于购买理财产品的资金为其合法所有并具有完全的占有、使用、收益、处分权，该资金可合法地投资

图 6-1　理财产品总协议书

（一）甲方为个人投资者的，本协议经甲方签字、乙方盖章后生效；甲方为机构投资者的，本协议经甲方法定代表人或授权签字人签字并加盖法人公章、乙方盖章后生效。

（二）除《产品说明书》约定的提前终止情形外，甲方有违约行为或甲方资金账户被有权机关冻结、扣划时，乙方有权提前终止本协议。

（三）除非甲乙双方签署新的协议替换本协议，本协议长期有效，乙方将在购买某理财产品的《产品说明书》或其它法律文件中定期与甲方确认本协议，甲方应予配合。

（四）乙方按照法律法规、监管规定和理财产品文件的约定调整投资范围、投资品种、投资比例、收费项目、收费条件、收费标准、收费方式等理财产品文件的内容及条款的，除双方另有约定外，调整后的内容及条款对调整生效前甲方已经成交的交易不发生效力；甲方不接受上述调整的，如理财产品允许甲方提前赎回，甲方有权按照理财产品文件的约定提前赎回。

（五）如甲乙双方在本协议生效前就理财产品已签署理财类总协议或仅就某理财产品单独签署理财协议（下称"已签协议"），本协议生效后，甲方向乙方新购买的任何理财产品，除双方另有约定外，均适用本协议，不适用已签协议。

（六）若乙方因业务需要须委托中国银行股份有限公司其他机构履行理财产品文件项下权利及义务，甲方对此表示认可；乙方授权的中国银行股份有限公司其他机构有权行使理财产品文件项下全部权利，有权就理财产品文件项下纠纷向法院提起诉讼或提交仲裁机构裁决。在不影响理财产品文件其他约定的情形下，理财产品文件对双方及各自依法产生的承继人和受让人均具有法律约束力。

（七）本协议一式两份，具有同等法律效力，甲乙双方各执一份。

甲方声明：甲方已详细阅读本协议相关条款，充分了解并清楚知晓购买理财产品的风险，愿意承担相关风险。甲方保证填写的信息资料的正确性，并确认银行打印记录正确无误。

个人投资者

甲方（签字）：

签署地点：

签署时间：_____年____月____日

机构投资者

甲方名称：

甲方公章：

法定代表人或授权签字人（签章）

签署地点：　　　　　　　　　　签署时间：_____年____月____日

乙方名称：　银行股份有限公司　____________　____行

乙方盖章：

经办人：　　　　　　复核人：

签署地点：　　　　　　　　　　签署时间：_____年____月____日

图 6-1（续）

银行股份有限公司个人客户风险评估问卷（2013年版）

以下10个问题将根据您的财务状况、投资经验、投资风格、风险偏好和风险承受能力等对您进行风险评估，我们将根据评估结果为您更好地配置资产。请您认真作答，感谢您的配合！（每个问题请选择唯一选项，不可多选）

1. 您的年龄是？
□ A.18~30岁 □ B.31~50岁
□ C.51~64岁 □ D.65岁及以上

2. 您的家庭年收入为（折合人民币）？
□ A.5万元以下 □ B.5万~20万元
□ C.20万~50万元 □ D.50万~100万元
□ E.100万元以上

3. 在您每年的家庭收入中，可用于金融投资（储蓄存款除外）的比例为？
□ A.小于10% □ B.10%~25%
□ C.25%~50% □ D.大于50%

4. 以下哪项最能说明您的投资经验？
□ A.除存款、国债外，我几乎不投资其他金融产品
□ B.大部分投资于存款、国债等，较少投资于股票、基金等风险产品
□ C.资产均衡地分布于存款、国债、银行理财产品，信托产品、股票、基金等
□ D.大部分投资于股票、基金、外汇等高风险产品，较少投资于存款、国债

5. 您有多少年投资股票、基金、外汇、金融衍生产品等风险投资品的经验？
□ A.没有经验 □ B.少于2年
□ C.2~5年 □ D.5~8年
□ E.8年以上

6. 以下哪项描述最符合您的投资态度？
□ A.厌恶风险，不希望本金损失，希望获得稳定回报
□ B.保守投资，不希望本金损失，愿意承担一定幅度的收益波动
□ C.寻求资金的较高收益和成长性，愿意为此承担有限本金损失
□ D.希望赚取高回报，愿意为此承担较大本金损失

7. 以下情况，您会选择哪一种？
□ A.有100%的机会赢取1000元现金
□ B.有50%的机会赢取5万元现金
□ C.有25%的机会赢取50万元现金
□ D.有10%的机会赢取100万元现金

8. 您计划的投资期限是多久？
□ A.1年以下 □ B.1~3年
□ C.3~5年 □ D.5年以上

9. 您的投资目的是什么？
□ A.资产保值 □ B.资产稳健增长
□ C.资产迅速增长

10. 您投资产品的价值出现何种程度的波动时，您会呈现明显的焦虑？
□ A.本金无损失，但收益未达预期
□ B.出现轻微本金损失
□ C.本金10%以内的损失
□ D.本金20%~50%的损失
□ E.本金50%以上的损失

告知客户风险测评的有效期为一年。

银行提示：

以上测试旨在帮助您了解自己的风险偏好和风险承受能力，从而有助于您选择合适的产品投资。本测试以及资产配置建议可能并不全面和充分，最了解您的还是您自己。请您依据自己的财务状况、收入预期、对资金的流动性要求、对风险的厌恶程度及投资产品的特点等多种因素做出投资决策。请您在产品购买过程中注意核对自己的风险承受能力和产品风险的匹配情况，即使是最激进的客户，也建议您做好资产在不同风险等级产品间的配置工作。如需帮助，建议您联系您的理财经理或财富顾问，得到进一步的资产配置建议。

您提供的信息应当真实、准确、完整，我们的风险评价将基于您提供的有效信息，如因您提供虚假、无效或不完整的信息，导致评价结果出现错误，银行不承担相应责任。**本测试结果的有效期为12个月，如您的财务状况发生较大变化或发生可能影响您风险承受能力的其他情况，请您及时通知我们并重新进行测试。**

风险提示：市场有风险，投资需谨慎。购买理财产品前，请认真阅读相关产品合同、协议书、说明书、招募说明书等法律文件，充分了解投资的风险。

图6-2 客户风险评估问卷

当客户选好理财产品后，让其填写产品认购书(见图 6-3)。

理财产品风险揭示书及客户交易信息确认单

<table>
<tr><td>银行打印</td><td colspan="4"></td></tr>
<tr><td rowspan="12">客户填写</td><td>客户姓名*</td><td></td><td>资金账号*</td><td></td></tr>
<tr><td>证件类型*</td><td></td><td>证件号码*</td><td></td></tr>
<tr><td>交易类型*
(选择“定投协议”请复选“申购”或“赎回”交易)</td><td colspan="3">□ 认购 □ 申购 □ 赎回 □续约申请/修改 □续约终止 □撤单/冲正 □预约申请 □ 预约取消
□ 冻结 □ 解除冻结 □ 分红方式修改 □ 其他 ____________
□ 定投/自动投资协议申请及修改（请选择：□申请 □暂停/继续 □终止）</td></tr>
<tr><td>产品代号或类型*</td><td></td><td>交易金额</td><td></td></tr>
<tr><td colspan="4">以下周期产品/定投及自动投资选填：</td></tr>
<tr><td>周期产品及投资协议金额模式</td><td colspan="3">□ 固定金额（如为定投协议申请及修改，请在交易类型中复选“申购”或“赎回”）
□ 不定金额（最低预留金额__________最大扣款金额__________）</td></tr>
<tr><td>周期产品续约期数</td><td>□ 限定期数____期 □不限期</td><td>产品金额修改模式</td><td>□ 追加 □ 返还</td></tr>
<tr><td colspan="4">以下定投及自动投资选填：</td></tr>
<tr><td>投资协议开始时间</td><td>年 月 日</td><td>定投资频率(请填写数字)</td><td>每______ □周 □月 执行一次</td></tr>
<tr><td>其他申明及备注</td><td colspan="3"></td></tr>
</table>

第一联 银行留存

标注*的为必填项目；除交易类型为“赎回”及周期产品修改模式为“返还”的交易外，客户叙作其他交易均必须进行以下风险确认。

风险提示：理财非存款、产品有风险、投资须谨慎

风险确认：

根据监管部门的要求，为确保个人投资者充分理解本产品的风险，请认真阅读风险揭示，并在此确认栏抄录以下语句：

“本人已经阅读风险揭示，愿意承担投资风险”。

提醒客户抄录语句并签字。

______________________________ 签字：______________

风险揭示：市场有波动，投资有风险。按照中国银行业监督管理委员会的要求，××银行股份有限公司提醒客户注意，投资理财产品可以带来获利机会，也有带来亏损或潜在亏损的可能（您可能遭受到的最不利投资情形详见产品说明书）。

特别声明：

1．产品说明书、客户权益须知及本交易凭证是投资者与中国银行股份有限公司所签订的“××银行股份有限公司理财产品总协议书”的附件，投资者应认真阅读产品说明书对应的协议，协议对理财产品的认购、赎回等具体事宜，投资收益分配、本金支付、风险揭示、信息披露、违约及争议解决等方面内容做出相应约定，如其中约定与产品说明书对应内容不一致，以产品说明书为准，产品说明书是本交易凭证的组成部分，**投资者签署本交易凭证，即视为对产品说明书的签署。**

2．本交易凭证由交易所在的××银行股份有限公司分支机构盖章，投资者交易时应在本交易凭证上签字。

3．**如影响您风险承受能力的因素发生变化，请及时完成风险承受能力评估。**

图 6-3 理财产品风险揭示书及客户交易信息确认单

第四步：去柜面办理手续。

作为理财专员，我们应热忱地为客户服务，告知客户须携带银行卡、身份证和填写好的资料，去柜面办理相关手续。

情景模拟

两人一组，其中一人扮演理财专员，为客户提供理财产品的咨询与服务；另一位扮演客户王梅，在理财专员的指导下完成资料的填写。

工作评估

给自己的工作绩效打个分吧！

评分内容	评分标准	参考分值	得分			
			自评	互评	教师评分	综合评分
服装得体	穿工作装，穿戴干净、整齐	10				
语言流畅	语言连贯，用词准确	10				
声音清晰	吐字清晰，音量适中	10				
服务意识	态度和蔼，礼貌待人，全身心地为客户服务	20				
理财建议	理财知识阐述准确，体现专业性	50				
总分						

单元二

风险中立型客户理财

本单元目标

（1）进一步培养学生参与理财业务活动宣传、市场开发和理财产品营销的能力。

（2）进一步培养学生获取客户信息、分析客户信息、制定理财方案的能力。

（3）在与客户沟通确认的基础上，能够更流畅地按照业务操作流程协助客户办理理财产品的相关手续。

本单元主要介绍风险适中型基金、万能型保险、黄金定投和保本浮动收益类理财产品的基本知识和理财技巧，旨在使学生更好地为客户提供理财咨询与服务。

学习项目	学习内容	课时
项目1　普通客户理财	1. 债券型基金和基金定投业务的理财技巧和办理流程 2. 万能型保险的理财技巧和办理流程	12
项目2　VIP客户理财	1. 黄金定投业务的基本知识和理财技巧 2. 保本浮动收益类理财产品的办理流程	10

项目1　普通客户理财

任务7　风险适中型基金理财产品投资

任务目标

(1) 学习债券型基金和基金定投的基本知识；
(2) 学习风险适中型基金产品的理财技巧；
(3) 树立岗位意识、理财服务意识。

岗前准备

(1)《开放式基金交易协议书》；
(2)《开放式基金账户类业务凭条》；
(3)《开放式基金交易类业务凭条》；
(4)《风险评估问卷》。

工作内容

运用债券型基金理财产品为普通客户提供理财咨询与服务。

客户资料

客户王洋今日来到银行，他想了解一些债券型基金的知识，并且今天打算申购5000元的债券型基金，假如你是理财专员，请你为客户提供理财咨询与服务。

客户王洋风险承受能力：★★

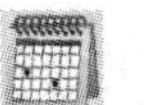
学一学

下面，我们先一起了解一下债券型基金的基本常识吧！

1. 债券型基金的定义

债券型基金是指将基金资产主要投资于债券，通过对债券进行组合投资，寻求较为稳定投资收益的一种类型的基金。债券型基金的投资对象主要包括国债、金融债、企业债、可转债及其衍生品，也在一定程度上参与股票投资。

通常，债券型基金分为两种类型：纯债券型基金和偏债券型基金。所谓纯债券型基金则除了申购新股以外，所有资金都完全投资于债券市场，而偏债型基金是指将一小部分基金资产投资于股票市场，其余大部分资金都用于债券投资。

2. 债券型基金的特点

(1) 低风险、低收益。由于债券型基金的投资对象——债券收益稳定、风险也较小，所以，债券型基金风险较小，其风险低于股票性基金，高于货币市场基金和保本基金。但是，由于债券是固定收益产品，因此相对于股票基金，债券基金风险低但回报率也较低。

(2) 费用较低。由于债券投资管理不如股票投资管理复杂，因此债券基金的管理费也相对较低。

(3) 收益稳定。投资于债券定期都有利息回报，到期还承诺还本付息，因此债券基金的收益较为稳定。

(4) 注重当期收益。债券基金主要追求当期较为固定的收入，相对于股票基金而言缺乏增值的潜力，较适合于不愿过多冒险，谋求当期稳定收益的投资者。

3. 债券型基金的缺点

(1) 只有在较长时间持有的情况下，才能获得相对满意的收益。

(2) 在股市高涨的时候，收益也还是稳定在平均水平上，相对股票基金而言收益较低，在债券市场出现波动的时候，甚至有亏损的风险。

4. 债券与债券型基金的比较

如表 7-1 所示为债券与债券型基金的对比。

表 7-1　债券与债券型基金比较

项　目	债　　券	债券型基金
本金损失	如果持有至到期日，没有	如果债券价格下跌，有
投资分散化	不是，除非购买了大量的债券	是
容易买卖	不是，除了国债	是
定额利息	是	不是
专家管理	不是	是

理财技巧

1. 投资债券型基金需关注的要素

(1) 利率敏感程度。债券价格的涨跌与利率升降呈反方向关系，利率上升的时候，债券价格便下滑；利率下降的时候，债券价格一般会呈上升的趋势。

(2) 信用素质。债券型基金的信用素质取决于其所投资债券的信用等级，投资者可通过基金招募说明书了解此类信息。

2. 选择债券型基金的技巧

(1) 投资前检查基金的债券持有情况。

(2) 询问基金的风险情况。

(3) 了解基金持有债券的平均期限，期限越长受利率影响越大。

(4) 了解基金的收费情况。

3. 投资债券型基金的技巧

(1) 注意购买债券型基金的时机选择。债券型基金主要投资于债券，因此选择债券型基金很大程度上要分析债券市场的风险和收益情况。具体来说，如果经济处于上升阶段，利率趋于上调，那么这时债券市场投资风险加大，尤其是在债券利率处于历史低点时，就更要慎重。反之如果经济走向低潮，利率趋于下调，部分存款便会流入债券市场，债券价格就会呈上升趋势，这时进行债券投资可获得较高收入。总之，利率的走势对于债券市场影响最大，在利率上升或具有上升预期时不宜购买债券基金。

（2）根据自己的风险承受能力选择偏债型基金和纯债型基金。纯债型基金除新股申购外全部资金投资于债券，而新股申购一般风险较小，因此纯债型基金的风险集中在债券市场。偏债型基金以债券投资为主，同时也参与股票投资，因此风险来自于债券市场和股票市场两个方面。一般来说，纯债型基金风险相对小于偏债型基金，当然相应的收益预期也较小。投资者在选择偏债型基金时还要特别注意股票市场走势，若股市走强，选择偏债型基金可能是较好的选择。

工作流程

第一步：基金开户。

客户第一次到银行买开放式基金，需签订《银行开放式基金交易协议书》（见图 7-1）和《开放式基金账户类业务凭条》（见图 7-2）。

银行开放式基金交易协议书

甲方：　　银行

乙方：________________

第一条　根据中国证券监督管理委员会《证券投资基金管理公司管理办法》、《证券投资基金销售管理办法》、《证券投资基金运作管理办法》、《银行开放式基金代销业务柜台交易管理办法》，甲乙双方就开放式基金交易有关事项达成如下协议，共同遵守。

第二条　本协议受国家有关法律、法规及基金管理公司有关规定约束。甲乙双方在办理开放式基金交易时，须共同遵守国家有关法律、法规及中国证监会《证券投资基金管理公司管理办法》、《证券投资基金销售管理办法》、《证券投资基金运作管理办法》、《中国银行开放式基金代销业务柜台交易管理办法》。

第三条　乙方声明乙方充分了解基金不同于银行储蓄和债券，基金在获得较高的收益的同时，也承担着较大的风险，基金投资有可能损失本金。乙方保证具备与此风险相应的风险承受能力，并自愿承担基金投资可能产生的相关投资风险。

第四条　乙方自愿在甲方开立基金交易帐户，并向甲方申请办理甲方所代理的开放式基金的认购、申购、赎回基金单位等基金业务，并办理其他相关手续，乙方的上述基金业

图 7-1　银行开放式基金交易协议书

务交易申请是乙方根据相关基金的基金合同所规定发出的要求进行上述交易的要约。乙方同意甲方根据基金交易业务的需要自动为乙方到基金注册与过户登记机构办理基金账户开户手续，并同意提供相关基金注册登记机构所需的乙方开户资料。

第五条　乙方保证开户填写有关资料的内容真实、正确、完整、有效，当有关资料发生变化时，须及时到甲方办理更改手续。因乙方提供资料不实或更改不及时导致基金交易委托和其他手续不能正常进行时，乙方应自行承担责任。

第六条　甲方印制的各种基金业务交易申请凭证适用于甲方代理销售的所有基金。但鉴于不同基金的交易规则并不完全相同，乙方通过填写申请凭证所申请办理的相关基金业务及相关手续，可能只被基金管理公司部分接受，乙方某些申请事项可能会因不符合某些基金管理公司规定要求而被拒绝接受。乙方在填写各种基金业务申请凭证之前，应仔细了解乙方申请交易的基金的交易规则，并且同意承担申请事项因不符合基金管理公司规定要求而被拒绝接受的全部后果。对申请凭证中被接受的申请事项视为乙方的要约被接受。

第七条　鉴于乙方可能委托甲方办理多只基金的交易手续，不同基金的交易条件、手续可能因有关基金的基金合同、代销合同、登记过户规则的不同存在差异。乙方向甲方申请办理开立基金账户、认购、申购、赎回某一基金或设置分红方式等业务的行为，即表明乙方已认真阅读并理解基金的有关交易规则，自愿受其约束。

第八条　乙方在办理基金业务时，应确保在甲方同时开立指定资金账户，用于办理基金买卖的资金结算。基金交易账户未销户前，乙方不得撤销该资金账户。如乙方自行关闭资金账户，造成红利资金和赎回资金无法入账，乙方应自行承担责任。

第九条　乙方使用借记卡密码所进行的一切基金业务，银行均视为乙方亲自办理。

第十条　甲方将根据相关基金的基金合同、招募说明书、有关法律文件及其附件的规定以及相关基金管理公司的要求和甲方的业务规则制订《中国银行基金交易规则须知》。甲方保证向乙方提供前述《中国银行基金交易规则须知》，并将其作为本协议的附件，与本协议具有同等的法律效力。

第十一条　本协议书由双方签字盖章后生效。处理双方纠纷时以本协议书为准。本协议书一式两份，甲乙双方各执一份。

甲方：　　银行	乙方：
签章	签章
日期：	日期：

图　7-1(续)

开放式基金账户类业务凭条

特别提示：填写前请您认真阅读表格背面的《××银行股份有限公司基金交易协议》！

银行打印

核准： 经办： 交易日期：

本单仅代表××银行接受您的委托，但不确保交易成功，最终确认方为注册登记机构或基金管理公司。

客户填写

个人客户填写

请选择交易类型 □1.开立银行交易账户 □3.登记基金账户 □5.修改账户资料
□2.注销银行交易账户 □4.取消登记基金账户 □6.注销基金账户

客户姓名： 基金账号：
资金账号： 银行交易账号：
证件类型 □身份证 □其他______ 地址类型 □家庭地址 □单位地址
证件号码： 通信地址/邮编：
客户电话/手机/E-Mail：

对公客户填写

请选择交易类型 □1.开立银行交易账户 □3.登记基金账户 □5.维护资金账户
□2.注销银行交易账户 □4.取消登记基金账户 □6.注销基金账户

资金账号： 单位名称：
银行交易账号： 通信地址/邮编：
基金账号： 联系电话/手机：
新增资金账户： 经办人证件类型 □身份证 □其他______
变更资金账户： 经办人姓名：
预留印鉴： 经办人证件号码：
备注：

客户签章

本人/单位认真阅读了《××银行股份有限公司基金交易协议》和《证券投资基金投资人权益须知》，充分知晓开放式基金的风险，自愿办理××银行代理的基金业务，自担投资风险。

请认真核对以上内容后签字确认。

客户签字：__________ 日期：__________

*请于T+2日到网点打印账户确认单，以确认交易是否成功。

第一联 银行留存

事后监督： 核准： 经办：

图 7-2 开放式基金账户类业务凭条

第二步：进行风险测评。

风险测评的目的是了解客户的风险类型(见图 7-3)，以便为其推荐与其风险承受能力相匹配的基金产品。风险测评的有效期为 1 年。

银行股份有限公司个人客户风险评估问卷（2013 年版）

以下 10 个问题将根据您的财务状况、投资经验、投资风格、风险偏好和风险承受能力等对您进行风险评估，我们将根据评估结果为您更好地配置资产。请您认真作答，感谢您的配合！（每个问题请选择唯一选项，不可多选）

1. 您的年龄是？
☐ A. 18~30岁　☐ B. 31~50岁
☐ C. 51~64岁　☐ D. 65 岁及以上

2. 您的家庭年收入为（折合人民币）？
☐ A. 5 万元以下　☐ B. 5万~20 万元
☐ C. 20万~50 万元　☐ D. 50万~100 万元
☐ E. 100 万元以上

3. 在您每年的家庭收入中，可用于金融投资（储蓄存款除外）的比例为？
☐ A. 小于 10%　☐ B. 10%~25%
☐ C. 25%~50%　☐ D. 大于 50%

4. 以下哪项最能说明您的投资经验？
☐ A. 除存款、国债外，我几乎不投资其他金融产品
☐ B. 大部分投资于存款、国债等，较少投资于股票、基金等风险产品
☐ C. 资产均衡地分布于存款、国债、银行理财产品，信托产品、股票、基金等
☐ D. 大部分投资于股票、基金、外汇等高风险产品，较少投资于存款、国债

5. 您有多少年投资股票、基金、外汇、金融衍生产品等风险投资品的经验？
☐ A. 没有经验　☐ B. 少于 2 年
☐ C. 2~5 年　☐ D. 5~8 年
☐ E. 8 年以上

6. 以下哪项描述最符合您的投资态度？
☐ A. 厌恶风险，不希望本金损失，希望获得稳定回报
☐ B. 保守投资，不希望本金损失，愿意承担一定幅度的收益波动
☐ C. 寻求资金的较高收益和成长性，愿意为此承担有限本金损失
☐ D. 希望赚取高回报，愿意为此承担较大本金损失

7. 以下情况，您会选择哪一种？
☐ A. 有 100%的机会赢取 1000 元现金
☐ B. 有 50%的机会赢取 5 万元现金
☐ C. 有 25%的机会赢取 50 万元现金
☐ D. 有 10%的机会赢取 100 万元现金

8. 您计划的投资期限是多久？
☐ A. 1 年以下　☐ B. 1~3 年
☐ C. 3~5 年　☐ D. 5 年以上

9. 您的投资目的是什么？
☐ A. 资产保值　☐ B. 资产稳健增长
☐ C. 资产迅速增长

10. 您投资产品的价值出现何种程度的波动时，您会呈现明显的焦虑？
☐ A. 本金无损失，但收益未达预期
☐ B. 出现轻微本金损失
☐ C. 本金 10%以内的损失
☐ D. 本金 20%~50%的损失
☐ E. 本金 50%以上的损失

银行提示：

以上测试旨在帮助您了解自己的风险偏好和风险承受能力，从而有助于您选择合适的产品投资。本测试以及资产配置建议可能并不全面和充分，最了解您的还是您自己。请您依据自己的财务状况、收入预期、对资金的流动性要求、对风险的厌恶程度及投资产品的特点等多种因素做出投资决策。请您在产品购买过程中注意核对自己的风险承受能力和产品风险的匹配情况，即使是最激进的客户，也建议您做好资产在不同风险等级产品间的配置工作。如需帮助，建议您联系您的理财经理或财富顾问，得到进一步的资产配置建议。

您提供的信息应当真实、准确、完整，我们的风险评价将基于您提供的有效信息，如因您提供虚假、无效或不完整的信息，导致评价结果出现错误，银行不承担相应责任。**本测试结果的有效期为 12 个月，如您的财务状况发生较大变化或发生可能影响您风险承受能力的其他情况，请您及时通知我们并重新进行测试。**

风险提示：市场有风险，投资需谨慎。购买理财产品前，请认真阅读相关产品合同、协议书、说明书、招募说明书等法律文件，充分了解投资的风险。

图 7-3　客户风险评估问卷

第三步：基金申购、认购。

当客户选好基金产品后，理财专员要指导客户填写《开放式基金交易类业务凭条》（见图 7-4）。

开放式基金交易类业务凭条

特别提示：填写前请您认真阅读表格背面的《基金投资风险提示函》！

银行打印

核准：　　　　经办：　　　　交易日期：

本单仅代表××银行接受您的委托，但不确保交易成功，××确认方为注册登记机构或基金管理公司。

客户填写

基金交易信息

银行卡号/资金账号：　　　　银行交易账号（选填）：

基金代码/名称：　　　　货币类型　□人民币　□美元　□其他______

交易类型	交易方式		
□1.认购	认购金额：		
□2.申购	申购金额：		
□3.定期定额	□开通	□修改	每月扣款日期：______
	□取消		每月扣款金额：______
□4.赎回	□非连续	□连续	赎回份额：
□5.撤单	原基金交易流水号：		原交易类型：
□6.分红	□现金	□红利再投资	
□7.基金转换	转出基金代码/名称：		转换份额：
	转入基金代码/名称：		转换方式　□非顺延　□顺延
□8.转托管	□转托管转出	对方销售商代码：	对方销售网点：
	□转托管转入	对方交易流水号：	对方交易账号：
	转托管份额：		

风险提示

1．本人/单位已阅读《基金投资风险提示函》和《证券投资基金投资人权益须知》，充分知晓基金投资风险，自愿办理中国银行代理的基金业务，自担投资风险。	□是	□否
2．风险匹配度提示，若您所选购基金产品的风险等级高于您的风险测评承受等级，是否确认继续交易？	□是	□否
3．交易时间提示，若下单时间不在开放式基金联机交易时间之内，我行系统将默认为挂单交易，该交易将在下一交易日受理，是否确认继续交易？	□是	□否

本栏由单位客户补充填写：

单位名称：__________　　资金账号：__________

预留印鉴：__________

请认真核对以上内容后签字确认。

客户签字：__________　　日期：__________

*请于T+2日到网点打印交易确认单，以确认交易是否成功。

第一联　银行留存

事后监督：　　　　核准：　　　　经办：

图 7-4　开放式基金交易类业务凭条

第四步：到柜面办理手续。

当客户填完申购、认购信息后，让客户携带银行卡、身份证和填好的资料到柜面办理手续。

情景模拟

两人一组，其中一人扮演理财专员，为客户介绍债券型基金的知识，并引导客户办理债券型基金的申购，另一人扮演客户王洋，在理财专员的引导下，完成基金业务的办理。表 7-2 为某债券型基金的详细资料。

表 7-2　某债券型基金资料

<table>
<tr><td colspan="3">××定期开放债券型基金</td></tr>
<tr><td>基金类型：中长期标准债券型
代码：××××××</td><td colspan="2">发行时间：
2014 年 3 月 8 日～4 月 1 日</td></tr>
<tr><td>基金管理人：××基金管理有限公司</td><td colspan="2">托管人：××银行</td></tr>
<tr><td>风险等级：低风险</td><td colspan="2">业绩比较基准：一年期定期存款基准利率(税后)+0.50%</td></tr>
<tr><td>投资目标：
在严格控制风险并保证充分流动性的前提下，通过积极主动的资产管理，为投资者提供稳健持续增长的投资收益</td><td colspan="2">投资组合比例：
投资于固定收益类资产的比例不低于基金资产的 80%
现金或到期日在一年以内的政府债券的投资比例不低于基金资产净值的 5%</td></tr>
<tr><td rowspan="5">(认) 申购费率</td><td>申购金额(M)</td><td>费率</td></tr>
<tr><td>M≥ 500 万元</td><td>1000 元/笔</td></tr>
<tr><td>200 万元≤M<500 万元</td><td>0.20%</td></tr>
<tr><td>100 万元≤M<200 万元</td><td>0.40%</td></tr>
<tr><td>M<100 万元</td><td>0.60%</td></tr>
<tr><td>赎回费</td><td colspan="2">0%</td></tr>
<tr><td>管理费</td><td colspan="2">0.70%</td></tr>
<tr><td>托管费</td><td colspan="2">0.20%</td></tr>
</table>

工作评估

给自己的工作绩效打个分吧！

<table>
<tr><td rowspan="2">评分内容</td><td rowspan="2">评 分 标 准</td><td rowspan="2">参考分值</td><td colspan="4">得　分</td></tr>
<tr><td>自评</td><td>互评</td><td>教师评分</td><td>综合评分</td></tr>
<tr><td>服装得体</td><td>穿工作装，穿戴干净、整齐</td><td>10</td><td></td><td></td><td></td><td></td></tr>
<tr><td>语言流畅</td><td>语言连贯，用词准确</td><td>10</td><td></td><td></td><td></td><td></td></tr>
<tr><td>声音清晰</td><td>吐字清晰，音量适中</td><td>10</td><td></td><td></td><td></td><td></td></tr>
<tr><td>服务意识</td><td>态度和蔼，礼貌待人，全身心地为客户服务</td><td>20</td><td></td><td></td><td></td><td></td></tr>
<tr><td>理财建议</td><td>理财知识阐述准确，体现专业性</td><td>50</td><td></td><td></td><td></td><td></td></tr>
<tr><td colspan="6">总分</td><td></td></tr>
</table>

工作内容

运用基金定投理财产品为普通客户提供理财咨询与服务。

客户资料

客户小张是个高薪白领,典型的月光族,平时没有储蓄的习惯。他计划三年后买车,因此从现在起必须强制储蓄,每个月拿出4000元做理财投资。今天小张来到银行,请你为他介绍基金定投产品,提供理财咨询与服务。

学一学

下面,我们先一起了解一下基金定投的基本常识吧!

1. 基金定投的定义

指投资者可通过银行提交定期定额申购业务申请,约定每月申购时间、申购金额和申购基金名称,由银行于每月约定申购日期,在投资者指定资金账户内自动完成扣款和基金申购申请的一种投资方式。

2. 基金定投的优势

(1) 强制储蓄,聚沙成塔

定期定额投资最大的优势是可以强制攒钱,时间长了就会"聚沙成塔",在不知不觉中积攒一笔不小的财富。

(2) 分散风险

购买基金最难的是选择入市的时机,而定投的特点是无论高点还是低点都固定买入,当基金净值随市场行情上涨时,此固定金额购买的基金单位数会减少;反之,同一金额购入的单位数则较多,借此分散购入基金的时点,使得投资成本相对均衡,特别适合那些对基金投资不是特别有经验的年轻新基民。

(3) 手续简单

定期定额投资基金只需投资者去基金代销机构办理一次性的手续,此后每期的扣款申购均自动进行,一般以月为单位。相比而言,如果自己去购买基金,就需要投资者每次都亲自到代销机构办理手续。因此定期定额投资基金也被称为"懒人理财术",充分体现了其便利的特点。

(4) 复利效果

"定投计划"收益为复利效应,本金所产生的利息加入本金继续衍生收益,通过利滚利的效果,随着时间的推移,复利效果越明显。定投的复利效果需要较长时间才能充分展现,因此不宜因市场短线波动而随便终止。只要长线前景佳,市场短期下跌反而是累积更多便宜单位数的时机,一旦市场反弹,长期累积的单位数就可以一次获利。

理财技巧

1. 选择基金定投的方法

(1) 考察基金累计净值增长率。基金累计净值增长率=(份额累计净值-单位面值)÷单位面值。例如,某基金份额累计净值为1.18元,单位面值1.00元,则该基金的累计净值增长率为18%。

(2) 考察基金分红比率。基金分红比率=基金分红累计金额÷基金面值。因为基金分红的前提之一是必须有一定盈利,能实现分红甚至持续分红,可在一定程度上反映该基金较为理想的运作状况。

(3) 将基金收益与大盘走势相比较。如果一只基金大多数时间的业绩表现都比同期大盘指数好,那么可以说这只基金的管理是比较有效的,选择这种基金进行定期定额投资,风险和收益都会达到一个比较理想的匹配状态。

(4) 将基金收益与其他同类型的基金比较。一般来说,风险不同、类别不同的基金应该区别对待,将不同类别基金的业绩直接进行比较的意义不大。

最后,投资者还可以借助一些专业公司的评判,对基金经理的管理能力有一个比较好的度量。

2. 基金定投注意事项

(1) 只适合有长期投资意向的投资者,定投的时间越长,收益性往往体现得越好。

(2) 投资额度占全部收入的比例不宜过大,以免影响正常生活。

(3) 不是每只基金都适合做定投,应选择大多数时间能够跑赢大盘的优秀基金。

(4) 基金定投不适合所有的市场行情。上涨行情中,基金定投收益较高,应选择股票型基金;下跌行情中,基金定投多数是亏损;在盘整行情中,基金定投亦要谨慎。

工作流程

第一步:基金开户。

客户第一次到银行买开放式基金,需签订《银行开放式基金交易协议书》(见图 7-5)和《开放式基金账户类业务凭条》(见图 7-6)。

银行开放式基金交易协议书

甲方:　　银行

乙方:________________

第一条　根据中国证券监督管理委员会《证券投资基金管理公司管理办法》、《证券投资基金销售管理办法》、《证券投资基金运作管理办法》、《银行开放式基金代销业务柜台交易管理办法》,甲乙双方就开放式基金交易有关事项达成如下协议,共同遵守。

第二条　本协议受国家有关法律、法规及基金管理公司有关规定约束。甲乙双方在办理开放式基金交易时,须共同遵守国家有关法律、法规及中国证监会《证券投资基金管理公司管理办法》、《证券投资基金销售管理办法》、《证券投资基金运作管理办法》、

图 7-5　银行开放式基金交易协议书

中国银行开放式基金代销业务柜台交易管理办法。

第三条 乙方声明乙方充分了解基金不同于银行储蓄和债券，基金在获得较高收益的同时，也承担着较大的风险，基金投资有可能损失本金。乙方保证具备与此风险相应的风险承受能力，并自愿承担基金投资可能产生的相关投资风险。

第四条 乙方自愿在甲方开立基金交易账户，并向甲方申请办理甲方所代理的开放式基金的认购、申购、赎回基金单位等基金业务，并办理其他相关手续，乙方的上述基金业务交易申请是乙方根据相关基金的基金合同所规定发出的要求进行上述交易的要约。乙方同意甲方根据基金交易业务的需要自动为乙方到基金注册与过户登记机构办理基金账户开户手续，并同意提供相关基金注册登记机构所需的乙方开户资料。

第五条 乙方保证开户填写有关资料的内容真实、正确、完整、有效，当有关资料发生变化时，须及时到甲方办理更改手续。因乙方提供资料不实或更改不及时导致基金交易委托和其他手续不能正常进行时，乙方应自行承担责任。

第六条 甲方印制的各种基金业务交易申请凭证适用于甲方代理销售的所有基金。但鉴于不同基金的交易规则并不完全相同，乙方通过填写申请凭证所申请办理的相关基金业务及相关手续，可能只被基金管理公司部分接受，乙方某些申请事项可能会因不符合某些基金管理公司规定要求而被拒绝接受。乙方在填写各种基金业务申请凭证之前，应仔细了解乙方申请交易的基金的交易规则，并且同意承担申请事项因不符合基金管理公司规定要求而被拒绝接受的全部后果。对申请凭证中被接受的申请事项视为乙方的要约被接受。

第七条 鉴于乙方可能委托甲方办理多只基金的交易手续，不同基金的交易条件、手续可能因有关基金的基金合同、代销合同、登记过户规则的不同存在差异。乙方向甲方申请办理开立基金账户、认购、申购、赎回某一基金或设置分红方式等业务的行为，即表明乙方已认真阅读并理解基金的有关交易规则，自愿受其约束。

第八条 乙方在办理基金业务时，应确保在甲方同时开立指定资金账户，用于办理基金买卖的资金结算。基金交易账户未销户前，乙方不得撤销该资金账户。如乙方自行关闭资金账户，造成红利资金和赎回资金无法入账，乙方应自行承担责任。

第九条 乙方使用借记卡密码所进行的一切基金业务，银行均视为乙方亲自办理。

第十条 甲方将根据相关基金的基金合同、招募说明书、有关法律文件及其附件的规定以及相关基金管理公司的要求和甲方的业务规则制订《中国银行基金交易规则须知》。甲方保证向乙方提供前述《中国银行基金交易规则须知》，并将其作为本协议的附件，与本协议具有同等的法律效力。

第十一条 本协议书由双方签字盖章后生效。处理双方纠纷时以本协议书为准。本协议书一式两份，甲乙双方各执一份。

甲方： 银行　　　　乙方：

签章　　　　签章

日期：　　　　日期：

图 7-5(续)

开放式基金账户类业务凭条

特别提示：填写前请您认真阅读表格背面的《××银行股份有限公司基金交易协议》！

银行打印

核准：　　　　经办：　　　　交易日期：

本单仅代表××银行接受您的委托，但不确保交易成功，最终确认方为注册登记机构或基金管理公司。

客户填写

个人客户填写

请选择交易类型　□1.开立银行交易账户　□3.登记基金账户　□5.修改账户资料
　　　　　　　　□2.注销银行交易账户　□4.取消登记基金账户　□6.注销基金账户

客户姓名：　　　　基金账号：
资金账号：　　　　银行交易账号：
证件类型　□身份证　□其他______　　　　地址类型　□家庭地址　□单位地址
证件号码：　　　　通信地址/邮编：
客户电话/手机/E-Mail

对公客户填写

请选择交易类型　□1.开立银行交易账户　□3.登记基金账户　□5.维护资金账户
　　　　　　　　□2.注销银行交易账户　□4.取消登记基金账户　□6.注销基金账户

资金账号：　　　　单位名称：
银行交易账号：　　　　通信地址/邮编：
基金账号：　　　　联系电话/手机：
新增资金账户：　　　　经办人证件类型　□身份证　□其他______
变更资金账户：　　　　经办人姓名：
预留印鉴：　　　　经办人证件号码：
备注：

客户签章

本人/单位认真阅读了《××银行股份有限公司基金交易协议》和《证券投资基金投资人权益须知》，充分知晓开放式基金的风险，自愿办理××银行代理的基金业务，自担投资风险。

请认真核对以上内容后签字确认。

客户签字：__________　　日期：__________

*请于T+2日到网点打印账户确认单，以确认交易是否成功。

第一联　银行留存

事后监督：　　　　核准：　　　　经办：

图 7-6　开放式基金账户类业务凭条

第二步：进行风险测评。

风险测评的目的是了解客户的风险类型（见图 7-7），以便为其推荐与其风险承受能力相匹配的基金产品。风险测评的有效期为 1 年。

银行股份有限公司个人客户风险评估问卷（2013 年版）

以下 10 个问题将根据您的财务状况、投资经验、投资风格、风险偏好和风险承受能力等对您进行风险评估，我们将根据评估结果为您更好地配置资产。请您认真作答，感谢您的配合！（每个问题请选择唯一选项，不可多选）

1. 您的年龄是？
□ A.18~30岁　□ B.31~50岁
□ C.51~64岁　□ D.65 岁及以上

2. 您的家庭年收入为（折合人民币）？
□ A.5 万元以下　□ B.5万~20 万元
□ C.20万~50 万元　□ D.50万~100 万元
□ E.100 万元以上

3. 在您每年的家庭收入中，可用于金融投资（储蓄存款除外）的比例为？
□ A.小于 10%　□ B.10%~25%
□ C.25%~50%　□ D.大于 50%

4. 以下哪项最能说明您的投资经验？
□ A.除存款、国债外，我几乎不投资其他金融产品
□ B.大部分投资于存款、国债等，较少投资于股票、基金等风险产品
□ C.资产均衡地分布于存款、国债、银行理财产品，信托产品、股票、基金等
□ D.大部分投资于股票、基金、外汇等高风险产品，较少投资于存款、国债

5. 您有多少年投资股票、基金、外汇、金融衍生产品等风险投资品的经验？
□ A.没有经验　□ B.少于 2 年
□ C.2~5 年　□ D.5~8 年
□ E.8 年以上

6. 以下哪项描述最符合您的投资态度？
□ A.厌恶风险，不希望本金损失，希望获得稳定回报
□ B.保守投资，不希望本金损失，愿意承担一定幅度的收益波动
□ C.寻求资金的较高收益和成长性，愿意为此承担有限本金损失
□ D.希望赚取高回报，愿意为此承担较大本金损失

7. 以下情况，您会选择哪一种？
□ A.有 100%的机会赢取 1000 元现金
□ B.有 50%的机会赢取 5 万元现金
□ C.有 25%的机会赢取 50 万元现金
□ D.有 10%的机会赢取 100 万元现金

8. 您计划的投资期限是多久？
□ A.1 年以下　□ B.1~3 年
□ C.3~5 年　□ D.5 年以上

9. 您的投资目的是什么？
□ A.资产保值　□ B.资产稳健增长
□ C.资产迅速增长

10. 您投资产品的价值出现何种程度的波动时，您会呈现明显的焦虑？
□ A.本金无损失，但收益未达预期
□ B.出现轻微本金损失
□ C.本金 10%以内的损失
□ D.本金 20%~50%的损失
□ E.本金 50%以上的损失

银行提示：

以上测试旨在帮助您了解自己的风险偏好和风险承受能力，从而有助于您选择合适的产品投资。本测试以及资产配置建议可能并不全面和充分，最了解您的还是您自己。请您依据自己的财务状况、收入预期、对资金的流动性要求、对风险的厌恶程度及投资产品的特点等多种因素做出投资决策。请您在产品购买过程中注意核对自己的风险承受能力和产品风险的匹配情况，即使是最激进的客户，也建议您做好资产在不同风险等级产品间的配置工作。如需帮助，建议您联系您的理财经理或财富顾问，得到进一步的资产配置建议。

您提供的信息应当真实、准确、完整，我们的风险评价将基于您提供的有效信息，如因您提供虚假、无效或不完整的信息，导致评价结果出现错误，银行不承担相应责任。**本测试结果的有效期为 12 个月，如您的财务状况发生较大变化或发生可能影响您风险承受能力的其他情况，请您及时通知我们并重新进行测试。**

风险提示：市场有风险，投资需谨慎，购买理财产品前，请认真阅读相关产品合同、协议书、说明书、招募说明书等法律文件，充分了解投资的风险。

图 7-7　客户风险评估问卷

第三步：基金申购、认购。

当客户选好要定投的基金产品后，理财专员要指导客户填写《开放式基金交易类业务凭条》(见图 7-8)。

开放式基金交易类业务凭条

特别提示：填写前请您认真阅读表格背面的《基金投资风险提示函》！

银行打印

核准：　　　　经办：　　　　交易日期：

本单仅代表××银行接受您的委托，但不确保交易成功，最终确认方为注册登记机构或基金管理公司。

客户填写

基金交易信息

银行卡号/资金账号：　　　　银行交易账号（选填）：

基金代码/名称：　　　　货币类型　□人民币　□美元　□其他____

交易类型	交易方式
□1.认购	认购金额：
□2.申购	申购金额：
□3.定期定额	□开通　□修改　每月扣款日期： □取消　每月扣款金额：
□4.赎回	□非连续　□连续　赎回份额：
□5.撤单	原基金交易流水号：　原交易类型：
□6.分红	□现金　□红利再投资
□7.基金转换	转出基金代码/名称：　转换份额： 转入基金代码/名称：　转换方式　□非顺延　□顺延
□8.转托管	□转托管转出　对方销售商代码：　对方销售网点： □转托管转入　对方交易流水号：　对方交易账号： 转托管份额：

风险提示

1. 本人/单位已阅读《基金投资风险提示函》和《证券投资基金投资人权益须知》，充分知晓基金投资风险，自愿办理中国银行代理的基金业务，自担投资风险。　□是　□否
2. 风险匹配度提示，若您所选购基金产品的风险等级高于您的风险测评承受等级，是否确认继续交易？　□是　□否
3. 交易时间提示，若下单时间不在开放式基金联机交易时间之内，我行系统将默认为挂单交易，该交易将在下一交易日受理，是否确认继续交易？　□是　□否

本栏由单位客户补充填写：

单位名称：__________　　资金账号：__________

预留印鉴：__________

请认真核对以上内容后签字确认。

客户签字：__________　　日期：__________

*请于T+2日到网点打印交易确认单，以确认交易是否成功。

第一联　银行留存

事后监督：　　　　核准：　　　　经办：

图 7-8　开放式基金交易类业务凭条

第四步：到柜面办理手续。

当客户填完申购、认购信息后，让客户携带银行卡、身份证和填好的资料到柜面办理手续。

情景模拟

两人一组，其中一人扮演理财专员，为客户小张介绍基金定投的好处及投资方法，并引导其办理基金定投业务，另一人扮演客户小张，在理财专员的引导下，完成基金定投的办理。表 7-3 为某只基金的产品信息。

表 7-3　某基金产品资料

<table>
<tr><td>基金名称</td><td colspan="2">××基金</td><td colspan="2">基金全称</td><td colspan="2">××股票型证券投资基金</td></tr>
<tr><td>基金代码</td><td colspan="2">××××××</td><td colspan="2">基金类型</td><td colspan="2">股票型</td></tr>
<tr><td>基金状态</td><td colspan="2">正常</td><td colspan="2">交易状态</td><td colspan="2">限额申购，赎回打开，定投打开</td></tr>
<tr><td>基金公司</td><td colspan="2">××基金</td><td colspan="2">基金经理</td><td colspan="2">××</td></tr>
<tr><td>基金管理费</td><td colspan="2">1.50%</td><td colspan="2">基金托管费</td><td colspan="2">0.25%</td></tr>
<tr><td>申购金额</td><td>0≤万元<100</td><td colspan="2">100≤万元<500</td><td colspan="2">500≤万元<1000</td><td>万元≥1000</td></tr>
<tr><td>申购费率</td><td>1.50%</td><td colspan="2">0.90%</td><td colspan="2">0.30%</td><td>1000 元</td></tr>
<tr><td>持有年限</td><td colspan="2">0≤年<1</td><td colspan="2">1≤年<2</td><td colspan="2">年≥2</td></tr>
<tr><td>赎回费率</td><td colspan="2">0.50%</td><td colspan="2">0.30%</td><td colspan="2">0.00%</td></tr>
</table>

工作评估

给自己的工作绩效打个分吧！

<table>
<tr><td rowspan="2">评分内容</td><td rowspan="2">评 分 标 准</td><td rowspan="2">参考分值</td><td colspan="4">得　　分</td></tr>
<tr><td>自评</td><td>互评</td><td>教师评分</td><td>综合评分</td></tr>
<tr><td>服装得体</td><td>穿工作装，穿戴干净、整齐</td><td>10</td><td></td><td></td><td></td><td></td></tr>
<tr><td>语言流畅</td><td>语言连贯，用词准确</td><td>10</td><td></td><td></td><td></td><td></td></tr>
<tr><td>声音清晰</td><td>吐字清晰，音量适中</td><td>10</td><td></td><td></td><td></td><td></td></tr>
<tr><td>服务意识</td><td>态度和蔼，礼貌待人，全身心地为客户服务</td><td>20</td><td></td><td></td><td></td><td></td></tr>
<tr><td>理财建议</td><td>理财知识阐述准确，体现专业性</td><td>50</td><td></td><td></td><td></td><td></td></tr>
<tr><td colspan="6">总分</td><td></td></tr>
</table>

任务8 万能型保险理财投资

任务目标

(1) 学习万能型保险的基本知识;
(2) 学习万能型保险的理财技巧;
(3) 树立岗位意识、理财服务意识。

岗前准备

万能型保险产品投保书。

工作内容

运用万能型保险理财产品为普通客户提供理财咨询与服务。

客户资料

客户王小红今日来到银行,想购买一款万能型保险,请你为她提供理财咨询与服务。

学一学

下面,我们先一起了解一下万能型保险吧!

1. 万能型保险的定义

万能型保险是指包含保险保障功能并设立有保底收益投资账户的寿险产品,其全称是万能型储蓄类寿险产品,是可以任意支付保险费以及任意调整死亡保险金给付金额的人寿保险。

2. 万能型保险的类型

万能型保险根据保障和投资占比的不同,可分为两种类型。

(1) 重保障型万能保险

保险金额高,前期扣费高,投资账户资金少,前期退保损失大。适合无其他风险保障,但有一定投资风险承受意识和能力的中青年,但要确保长期持有。

(2) 重投资型万能保险

保险金额低,首期扣费少,投资账户资金较多,退保损失小。适合通过其他保险产品保障风险的理财保守型人士。

3. 万能型保险的特点

(1) 保费灵活

保单所有人在缴纳首付最低保费之后，只要保单现金价值足以支付下一期的保障费用和管理费用，就可以选择在任何时候定期或不定期、定额或不定额地缴纳保费。

(2) 保额可调

在保险期内保单所有人可以申请增加或减少保险金额。

(3) 要素分立

保单持有人可以清楚地知道资金在保单各要素之间是如何分配的。

(4) 最低保障利率

通常设定最低保证利率，定期结算投资收益。此类产品为投资账户提供最低收益保证，并且可以与保险公司分享最低保证收益以上的投资回报。

4. 万能型保险的独特优势

(1) 在投资回报方面，万能寿险上不封顶、下保底。

(2) 存取灵活，具有较大的弹性，突破了以往的寿险产品规定期限、固定金额的保费缴纳方式。

5. 万能型保险的不足之处

(1) 不能片面理解“万能”。

如万能寿险通常只对死亡或全残提供保障，对于部分残疾、疾病或意外伤害引起的医疗费用等则不提供保障或者需要通过附加险的形式进行保障。

(2) 万能寿险的保单所有人要承担投资风险。

(3) 万能寿险保单要收取相应的手续费和管理费用。

理财技巧

万能型保险产品的投资策略

1. 明确缴费比例，选择适合自己的产品

风险厌恶型——选择保障费占比较多的万能寿险产品。

风险中立者——选择同类产品中储蓄保费与保障保费比例适当的类型。

2. 注意比较缴费方式

财务状况较好的投资者可以选择趸缴方式，若财务状况一般，则选择期缴方式。

3. 注意收益的领取方式

收益领取方式主要包括一次领取、年金领取、到期可转换为养老保险等。收入不充裕、资金需求不稳定的投资者往往选择一次领取，比较适合年轻人。年金领取比较适合中年投资者，他们的收支比较稳定且可预期，因此在保单期满时，可以将收益转化成孩子的教育基金，每年领取固定金额，而剩余款项则可以转换成对医疗费用的追加等。老年人常常选择转化为养老保险的方式，可以保障其养老投资两不误。

小常识

趸缴和期缴

趸缴就是一次性付清所有保费。

期缴是指分期支付，包括月缴、季缴、半年缴和年缴。

趸缴和期缴不能单纯从缴费多少来比较，而要结合保障利益、投保人经济状况等因素来综合考虑。

趸缴的优点是一次性缴费，比较省事，适合手里刚好有一笔现金且长期不用的人。期缴更加灵活，有的保险公司在提供主险的同时，还提供一系列较实用的附加险，但附加险往往不能单独购买，且须在主险缴费期间内购买，如果采取分期缴费，附加险可随同缴纳时间同期购买，如果采取趸缴，缴费行为一次性终止后，不能再购买新的附加险。

在享受保费豁免权益方面，趸缴和期缴保费也明显不同。保费豁免指被保险人在缴费期未满时出险，在获得全额赔偿的同时，余下的保费可以免除，享有保费豁免权益后，原来缴纳的保费通常不退还。在这种情况下，如客户花几万元一次性缴费购买一份10万元保额的重大疾病险，三年后不幸患上重大疾病，保险公司按10万元规定保额赔偿后，不退还已缴保费。如选择20年缴费方式，每年缴费3000元左右，那么在出险前只缴纳不到1万元保费，同样可获得10万元保额的保险金。

工作流程

第一步：根据客户需求向客户介绍万能型保险产品信息。

第二步：指导客户填写投保单(见图8-1)。

第三步：办理手续。

如果是银保通业务，直接带领客户到柜面办理手续，领取保险合同；否则，客户填完投保单后直接交理财专员，由银行递交给保险公司，3～7日后客户再来领取保险合同。

情景模拟

两人一组，其中一人扮演理财专员，引导客户购买万能型保险产品，另一人扮演客户王小红，在理财专员的引导下，完成万能型保险产品的购买。表8-1为某款万能型保险的产品信息。

银代保险专用投保书及授权声明

投保人	姓 名：	性别：男☐ 女☐	出生日期： 年 月 日	与被保险人关系	
	证件名称：	证件号码		证件有效期限	
	国 籍：	移动电话：	固定电话：	职业名称	
	通信地址：( )省 ( ) 市 ( ) 区／县			职业编码	
	( ) 门牌号			邮政编码	
被保险人	姓 名：	性别：男☐ 女☐	出生日期： 年 月 日	联系电话	
	证件名称：	证件号码		证件有效期限	
	通信地址：( )省( )市( )区／县		国 籍	职业名称	
	( )门牌号		邮政编码	职业编码	

	险种名称	险种代码	保险期间	满期年龄	保险金额	投保份数	保险费	交费期间（年或至周岁）
投保事项			（按险种二选一填写）		（按险种二选一填写）			
	保险费合计：(大写)						(小写) ￥：	
	指定账户：投保人账户姓名：				交费方式： 一次交清☐		年交☐	月交☐
	开户行全称：				账 号			
	领取信息	领取频率：一次性☐ 月领☐ 年领☐			领取期限：五年☐ 十年☐ 十五年☐ 二十年☐			
		领取年龄：			领取方式：固定期限平准式☐ 6%算术递增式☐			

身故受益人姓名	国籍	证件名称	证件有效期限	证 件 号 码	与被保险人关系	受益顺序	受益份额%

投保人告知：未成年被保险人在其他公司已参保的累计身故保险金额为： 元。

声明栏

1. 被保险人未患有下列疾病：恶性肿瘤、脑血管疾病、心功能不全Ⅱ级以上、高血压Ⅱ级以上、糖尿病、心肌梗塞、肝硬化、慢性肾脏疾病、肾功能不全、再生障碍性贫血、癫痫、系统性红斑狼疮、性传播疾病、白血病、慢性酒精中毒、精神疾病、智力障碍、阿尔兹海默氏病（老年痴呆或早老年痴呆症）、帕金森氏病、重症肌无力、多发性硬化症、失明、瘫痪、先天性疾病、遗传性疾病、艾滋病或艾滋病病毒携带者；被保险人未曾或正在吸毒。
2. 被保险人无从事职业潜水、跳伞、滑翔、攀岩、探险、武术比赛、摔跤比赛、特技表演、赛马、赛车、私人性质飞行活动（乘客身份搭乘民航客机除外）等带有危险性的活动。
3. **贵公司已向本人提供保险条款，说明保险合同内容，特别提示并明确说明了免除保险人责任的条款。本人已认真阅读并理解保险责任、责任免除、合同生效、解除、未成年人身故保险金限额、保险事故通知等保险条款的各项内容，以及分红保险、万能保险、投资连结保险等新型产品的产品说明书。**
4. 本人在投保书中的所有陈述和告知均完整、真实，已知悉本投保书如非本人亲笔签名，将对本保险合同效力产生影响。
5. **本人已知晓犹豫期事宜**：保险期间在一年以上的合同设有犹豫期，**即自投保人收到保险单并书面签收之日起十日的期间**。在犹豫期内投保人申请退保的，保险公司收到退保申请后，保险合同终止，并在扣除一定工本费后将实际交纳的保险费退还投保人。犹豫期过后投保人申请退保的，保险公司收到退保申请后，保险合同终止，并将保险单的现金价值退还投保人。
6. 本人及被保险人授权贵公司在必要时可随时向被保险人所诊治的医院或医师及有关机构，查询有关记录、诊断证明，本人和被保险人均无异议。
7. 本人授权贵公司委托本人开户银行对指定账户按照保险合同约定的方式、金额，划转首期、续期保险费及以转账方式将保险金、退保金、退费等给付转入指定账户，若本人指定账户发生变更，及时至贵公司办理变更手续。
8. **本人已知悉本投保书不得作为收取现金的凭证，公司未授权保险营销员、保险中介机构（银行除外）收取1000元以上的现金保险费。**
9. "本人已阅读保险条款、产品说明书和投保提示书，了解本产品的特点和保单利益的不确定性"。请在以下空白处，抄写上述内容：

投保人签名： 被保险人（或法定监护人）签名： 投保日期： 年 月 日

经办机构	网点代码：	经办人签章： （编号： ）	机构签章：	银行代码：
保险公司	业务员姓名：	业务员号：	联系方式：	所属机构：

须用黑色或蓝黑色墨水笔字迹工整、完整准确填写，并由投保人、被保险人亲笔签名。

全国统一客服电话：. 1202C

第一联 公司留存

图 8-1 银代保险投保书

表 8-1　某保险产品资料

产品名称	××e理财年金保险(万能型)
产品属性	理财型保险
发行公司	××保险股份有限公司
适用人群	稳健型投资人士
产品特色	1. 高收益、月赚更多,稳健增值 预期年化收益5.32%,以现公布5.2%结算利率,每年12次月复利计算,预期年化收益率为5.32% 2. 零费用、三重免费,投入更省 零初始费用,零保单管理费,零风险保险费。1年后退出零手续费,真正实现投资零成本 3. 零风险、保底保息,只涨不跌 合同约定前五年最低保证利率为年利率2.5%,1年内不退出,账户余额只涨不跌,理财投资真正无风险 4. 低门槛1000元起售 降低起售金额,让您的小额、散钱也能投有收益
产品功能	一年起高收益保底保息理财产品,兼顾身故保障
保险期间	终身,一年内领取收取部分领取手续费5%
保险责任	身故保险金。详细责任描述请见条款
保险费	根据保险金额收费不同,1000元起售
最高购买金额	20万元
缴费方式	一次性支付全部保险费
支付方式	网银支付
注意事项	投保年龄:18～55周岁 投保范围:限本人投保 初始费用:0 退保/部分领取费用:一年以内,扣除5%,超过一年,免退保费用 生效时间:投保且支付成功日的次日零时

工作评估

给自己的工作绩效打个分吧!

评分内容	评分标准	参考分值	得分			
			自评	互评	教师评分	综合评分
服装得体	穿工作装,穿戴干净、整齐	10				
语言流畅	语言连贯,用词准确	10				
声音清晰	吐字清晰,音量适中	10				
服务意识	态度和蔼,礼貌待人,全身心地为客户服务	20				
理财建议	理财知识阐述准确,体现专业性	50				
总分						

项目 2　VIP 客户理财

任务 9　黄金定投理财产品投资

任务目标

(1) 学习黄金和黄金定投的基本知识；
(2) 学习黄金定投产品的理财技巧；
(3) 树立岗位意识、理财服务意识。

岗前准备

(1)《积存金协议书》；
(2)《积存金业务申请书》。

工作内容

运用黄金定投理财产品为 VIP 客户提供理财咨询与服务。

客户资料

客户小张今日来到银行，想办理 1 年期的黄金定投业务，请你为她提供理财咨询与服务。

学一学

下面，我们先一起了解一下黄金定投知识吧！

1. 黄金的基本知识

(1) 黄金的重量

黄金的重量单位有盎司(国际)、克(中国)、千克(公斤)和吨等。

1 盎司＝31.1035 克

(2) 黄金的"成色"——黄金及其制品的纯度

黄金的成色有两种表示方法：一种是百分比，如 G999 等；另一种是 K 金，如 G24K、G22K 和 G18K 等。

(3) 黄金成色的表述方法

国家标准 GB 11887—1989 规定，每开含金量为 4.166%，则：

12K＝12×4.166％＝49.992％(50％)

18K＝74.998％(75％)

24K＝99.984％(99.9％)

小常识

足金和千足金

足金：含金量等于或大于99％的黄金，俗称“二九金”。打的印记是“足金”，或“99金”，或“G99”等。

千足金：含金量等于或大于99.9％的黄金，俗称“三九金”。打的印记是“千足金”，或“999金”，或“G999”等。

(4) 黄金投资的特点

① 安全性：黄金投资的价值是永恒的，不必担心它的风险。

② 变现性：黄金随时可以兑换成钞票，变现性强。

③ 逆向性：当一个国家的纸币发生贬值，黄金往往会升值。

(5) 黄金投资的缺点

黄金价格变化比较慢、本身不能生息、不具备增值能力，它的保值增值能力更多地体现在价格变动和价差上。

(6) 影响黄金价格的因素

影响黄金价格的因素很多，包括供求关系、地缘政治局势、石油价格走势、美元走势、中央银行的货币政策等。

2. 银行提供的两大黄金投资品种

(1) 实物黄金

实物黄金包括金币和金条两种，适合长期投资、收藏。

(2) 账户黄金

账户黄金即纸黄金，没有实物的交割，客户低买高抛，赚取差价，适合短期投资。

3. 纸黄金的投资模式

(1) 黄金存折

投资者买卖黄金时，不进行实物的提取与交割，只在开设的黄金账户上记录买卖交易，并在指定的资金账户收付款项。

(2) 黄金积存计划

投资者从商业银行或专业金商处，在一定的期限内，每月购买固定金额的黄金，同时，自动地从投资者银行账户中划拨支付款项。

(3) 黄金管理账户

由经纪人全权处理投资者的黄金账户，这是一种风险较大的投资方式。其关键在于经纪人的专业知识和操作水平以及信誉程度。要求客户的投资额一般比较大。

4. 黄金定投的定义

黄金定投也叫黄金积存或是积存金，也可以叫黄金零存整取。就是每月以固定的资金按照上海黄金交易所AU9999的收盘价购买黄金。当合同到期时，客户积累的黄金克数可以按照上海黄金市场价格兑换成现金，或者相应克数的金条、金首饰。

5. 黄金定投的特点

(1) 自动扣款、灵活简便

签订积存协议后，银行定期自动划账，客户不必考虑申购时点，极大地方便了客户投资。

(2) 起点低、风险低

黄金定投申购额每月仅需 200 元左右，不会使客户有过大经济负担。

小常识

黄金定投与基金定投的区别

- 资金的投入方向不同。基金定投的资金主要是用于股市、债券市场。黄金定投的资金就是单纯的黄金市场。
- 赎回的方式不同。基金定投赎回的方式是现金。黄金定投的赎回方式可以是现金，也可以是黄金。
- 期限不一样。基金定投的期限一般最少 1 年，建议是 3 年左右。黄金定投的期限也是 1 年，但是 1 年以后可以随时取出。

理财技巧

1. 黄金定投原则

(1) 正确看待

黄金定投可以首先解决“月光”的问题，培养一个好的理财习惯。此外，还可以有效抵御通胀，但是一定要根据自身的情况，量力而行。不在于多，而在于注重解决现实突出的问题。

(2) 要有耐心

黄金定投短期收益有限，长期定存，效果显著。不要因为短期的黄金价格上涨下跌，劳力费神。定投一般期限最短 1 年，建议也是最少 1～3 年。长期下来，还有复利的效果。

2. 黄金定投的技巧及风险分析

(1) 由于黄金价值比较高，而且价格每时每刻都在波动，因此建议普通投资者以年为单位进行个人定投，一年购买 100 克左右为宜。若经济实力雄厚，投资者也可以将一年的定投量拆分开来按月定投，如每月定投 10 克左右，这样可以分担风险，降低成本。

(2) 购买黄金应选择时机，若是按月定投，通常傍晚 6 时左右的金价较低，若是按年购买，那么每年 3～9 月金价较低，选择不同定投方式的投资者可在金价低潮期出手，尽可能最大限度地降低成本。

工作流程

第一步：签订《积存金协议书》。

第二步：积存金业务开户。

理财专员指导客户填写《个人客户积存金业务申请书》(见图 9-1)。

个人客户积存金
业务申请书

银行打印			
申请人名称		资金卡号/账号	
证件类型		证件号码	
申请业务类型（在□打√）	1. 开户□　2. 销户□　3. 定期积存□　4. 主动积存□ 5. 兑换□　6. 赎回□　7. 转让□　8. 定期积存撤销□ 9. 其他业务 ____		
定期积存	每月定期积存额度：____元（人民币） 是否自动展期（在□打√）：是□　否□		
主动积存	购买金额 ____元（人民币）大写：____		
申请兑换	产品名称：____ 单件重量：____ 材质：黄金□　白银□　混合□　其他□ 数量：____（件）　成色：____ 合计克数：____克		
申请赎回	申请赎回克数：____克（精确至小数点后四位）		
申请转让	申请转让克数：____克（精确至小数点后四位） 转入方姓名：____ 转入方账号或卡号：____		
声明：本人自愿申请办理××银行积存金业务，已阅读、充分理解并同意遵守本申请书背面的《 ×× 银行个人客户积存金业务协议书》及相关规定。充分了解并清楚知晓本产品风险，并愿意承担相关风险。本人保证填写的信息资料的正确性，并确认银行打印记录正确无误。 客户签名： 年　月　日	银行签章： 协议签订地（仅开户时填写）： 年　月　日		

第一联　银行留存联

210×285 [illegible] 2012年9月印

图 9-1　个人客户积存金业务申请书

第三步：到柜面办理手续。

客户填完申请书后，引导客户携带有效身份证件、银行卡和申请书到柜面办理手续。

情景模拟

两人一组，其中一人扮演理财专员，引导客户办理黄金定投业务，另一人扮演客户小张，在理财专员的引导下，完成黄金定投产品的购买。

工作评估

给自己的工作绩效打个分吧！

<table>
<tr><th rowspan="2">评分内容</th><th rowspan="2">评 分 标 准</th><th rowspan="2">参考分值</th><th colspan="4">得　分</th></tr>
<tr><th>自评</th><th>互评</th><th>教师评分</th><th>综合评分</th></tr>
<tr><td>服装得体</td><td>穿工作装，穿戴干净、整齐</td><td>10</td><td></td><td></td><td></td><td></td></tr>
<tr><td>语言流畅</td><td>语言连贯，用词准确</td><td>10</td><td></td><td></td><td></td><td></td></tr>
<tr><td>声音清晰</td><td>吐字清晰，音量适中</td><td>10</td><td></td><td></td><td></td><td></td></tr>
<tr><td>服务意识</td><td>态度和蔼，礼貌待人，全身心地为客户服务</td><td>20</td><td></td><td></td><td></td><td></td></tr>
<tr><td>理财建议</td><td>理财知识阐述准确，体现专业性</td><td>50</td><td></td><td></td><td></td><td></td></tr>
<tr><td colspan="6">总分</td><td></td></tr>
</table>

任务10　保本浮动收益类理财产品投资

任务目标

（1）学习保本浮动型产品的理财技巧；

（2）树立岗位意识、理财服务意识。

岗前准备

（1）《理财产品总协议书》；

（2）《个人客户风险评估问卷》；

（3）《产品认购书》；

（4）《理财产品在售明细表》（见表10-1）。

表 10-1 理财产品在售明细表

产品代码	产品类型	发售日期	期限	收益率（年率）	产品起点	起息日	到期日	目标客户
BB140410	保证收益类理财产品	2014年4月10日至2014年4月14日	34天	5.5%	5万元	2014年4月15日	2014年5月20日	保守型、稳健型、平衡型、成长型、进取型的有投资经验和无投资经验的个人客户
BF140420	保本浮动收益类理财产品	2014年4月20日至2014年4月30日	91天	6.0%	10万元	2014年5月1日	2014年7月30日	稳健型、平衡型、成长型、进取型的有投资经验和无投资经验的个人客户
ZQ140410	非保本浮动收益型	2014年4月10日至2014年4月17日	72天	6.2%	10万元	2014年4月18日	2014年6月28日	平衡型、成长型、进取型的有投资经验和无投资经验的客户

工作内容

运用保本浮动收益类理财产品为 VIP 客户提供咨询与服务。

客户资料

- 王欣，28 岁，家庭年收入为 15 万元左右。
- 4 年前，他开始每年拿出 5 万元作金融投资，主要投资于存款、国债等 1～3 年期品种，股票投资量较少。
- 他希望资产能够稳健增长，能够承担 10%以内的本金损失。
- 如果有 25%的机会赢取 50 万元现金，他就会去投资。
- 今天，王欣想拿 10 万元购买人民币理财产品，请你为他提供理财咨询与服务。

理财技巧

加息预期下如何选择理财产品

1. 增强现金的流动性

在加息预期下，投资者可以预留等价于 6～12 个月家庭日常支出之和的现金作活期储蓄，其余资产进行短期运作以提高投资收益。

2. 保本产品与短期产品搭配投资

加息预期下，最佳的投资组合是：一个中短期固定收益产品加上一个短期保本浮动收益产品的组合。

3. 到期日与付息日分设在不同的时间段

派息率多元化，这对老年人理财更为重要。合理安排存款结构、产品期限、利息收入周期，可使老年生活更有保障，有助于提高生活质量。

比如，产品的到期日及付息日分设在不同的时间段，如 3 个月一次，这样每 3 个月就能获得一次稳定的收益回报，作为养老金收入的补充。

工作流程

第一步：签署《理财产品总协议书》。

客户在银行第一次购买理财产品时，需要先和银行签约（见图 10-1）。

理财产品总协议书（2013 年版）

协议书编号：____________________

甲　　方：

个人投资者填写

姓名：______________________________联系电话：______________________________

证件类型：____________________________证件号码：______________________________

机构投资者填写

企业名称：______________________________

法定代表人／负责人：____________________

住所地：________________________________

通信地址：______________________________________邮编：____________________

电话：______________________传真：______________________

乙　　方：××银行股份有限公司____行

第一联：银行留存联

根据相关法律法规和监管规定，经甲方与乙方协商一致，就甲方向乙方购买××银行股份有限公司理财产品（以下简称“理财产品”）、达成协议如下：

一、甲方首次在乙方购买理财产品时应签署本协议，本协议生效后，除双方另有约定外，在本协议有效期内甲方在乙方购买任何理财产品均适用本协议。本协议的签署并不作为甲方认购、申购或持有理财产品的凭证，甲方在购买每一具体理财产品时还应与乙方签署相应理财产品的《产品说明书》、业务凭证等，按乙方相关业务规则办理购买理财产品的手续。

本协议、《产品说明书》、《个人客户风险评估问卷》、《风险揭示书及客户交易信息确认表》以及业务凭证共同构成一份完整的、关于甲方所购某一理财产品的理财产品法律文件（以下简称“理财产品文件”）。本协议与《产品说明书》不一致的，以《产品说明书》为准。

甲方购买多个银行理财产品时，每一份针对某一理财产品的《产品说明书》及相关业务凭证与本协议共同构成一份独立的理财产品文件，该理财产品文件的效力和履行情况均独立于其他理财产品文件。

乙方将定期与甲方就本协议书内容进行书面确认，甲方应予配合。

二、甲方声明和保证：

（一）个人投资者声明和保证

1. 甲方具有完全民事行为能力，以本人合法所有的资金购买理财产品；

2. 甲方为港、澳、台人士或外籍人士的，其购买理财产品的资质及资金符合法律法规、监管规定的相关要求；

3. 甲方已如实向乙方披露其风险承受能力状况及相关信息，并已签署、确认《个人客户风险评估问卷》、《风险揭示书及客户交易信息确认表》；如发生可能影响自身风险承受能力的情况，甲方应及时告知乙方，并配合乙方对其进行风险承受能力持续评估；

4. 甲方清楚知晓、接受并承诺遵守理财产品文件，对其条款内容不存在任何疑问或异议，清楚了解所购买理财产品的收益类型、适用客户类别、投资方向、流动性、主要风险等内容，完全知晓理财产品可能出现的各种风险，愿意并能够承担这些风险；乙方向甲方提供的市场分析和预测仅供参考，甲方据此做出的任何决策出于甲方自己的判断，投资决策风险由甲方自行承担。

图 10-1　理财产品总协议书

（二）机构投资者声明和保证

1．甲方为依法设立并合法存续的企业法人、事业法人、社会团体或其他组织，具有依据法律法规投资理财产品的资格；

2．签署和履行本协议系基于甲方的真实意思表示，已经按照其章程或者其他内部管理文件的要求取得合法、有效的授权，且不会违反对甲方有约束力的任何协议、合同和其他法律文件；甲方已经或将会取得签订和履行本协议所需的一切有关批准、许可、备案或者登记；

3．甲方用于购买理财产品的资金为其合法所有并具有完全的占有、使用、收益、处分权，该资金可合法地投资

（一）甲方为个人投资者的，本协议经甲方签字，乙方盖章后生效；甲方为机构投资者的，本协议经甲方法定代表人或授权签字人签字并加盖法人公章，乙方盖章后生效。

（二）除《产品说明书》约定的提前终止情形外，甲方有违约行为或甲方资金账户被有权机关冻结、扣划时，乙方有权提前终止本协议。

（三）除非甲乙双方签署新的协议替换本协议，本协议长期有效，乙方将在购买某理财产品的《产品说明书》或其它法律文件中定期与甲方确认本协议，甲方应予配合。

（四）乙方按照法律法规、监管规定和理财产品文件的约定调整投资范围、投资品种、投资比例、收费项目、收费条件、收费标准、收费方式等理财产品文件的内容及条款的，除双方另有约定外，调整后的内容及条款对调整生效前甲方已经成交的交易不发生效力；甲方不接受上述调整的，如理财产品允许甲方提前赎回，甲方有权按照理财产品文件的约定提前赎回。

（五）如甲乙双方在本协议生效前就理财产品已签署理财类总协议或仅就某理财产品单独签署理财协议（下称"已签协议"），本协议生效后，甲方向乙方新购买的任何理财产品，除双方另有约定外，均适用本协议，不适用已签协议。

（六）若乙方因业务需要须委托中国银行股份有限公司其他机构履行理财产品文件项下权利及义务，甲方对此表示认可，乙方授权的中国银行股份有限公司其他机构有权行使理财产品文件项下全部权利，有权就理财产品文件项下纠纷向法院提起诉讼或提交仲裁机构裁决。在不影响理财产品文件其他约定的情形下，理财产品文件对双方及各自依法产生的承继人和受让人均具有法律约束力。

（七）本协议一式两份，具有同等法律效力，甲乙双方各执一份。

甲方声明：甲方已详细阅读本协议相关条款，充分了解并清楚知晓购买理财产品的风险，愿意承担相关风险。甲方保证填写的信息资料的正确性，并确认银行打印记录正确无误。

个人投资者

甲方（签字）：

签署地点：

签署时间：______年____月____日

机构投资者

甲方名称：

甲方公章：

法定代表人或授权签字人（签章）

签署地点： 签署时间：______年____月____日

乙方名称：__银行股份有限公司____________________行

乙方盖章：

经办人： 复核人：

签署地点： 签署时间：______年____月____日

图 10-1(续)

第二步：进行风险测评。

风险测评(见图 10-2)的目的是要掌握客户的风险承受能力，以便为其推荐合适的理财产品。

银行股份有限公司个人客户风险评估问卷（2013 年版）

以下 10 个问题将根据您的财务状况、投资经验、投资风格、风险偏好和风险承受能力等对您进行风险评估，我们将根据评估结果为您更好地配置资产。请您认真作答，感谢您的配合！（每个问题请选择唯一选项，不可多选）

1. 您的年龄是？

☐ A. 18~30岁　☐ B. 31~50岁

☐ C. 51~64岁　☐ D. 65 岁及以上

2. 您的家庭年收入为（折合人民币）？

☐ A. 5 万元以下　☐ B. 5万~20 万元

☐ C. 20万~50 万元　☐ D. 50万~100 万元

☐ E. 100 万元以上

3. 在您每年的家庭收入中，可用于金融投资（储蓄存款除外）的比例为？

☐ A. 小于 10%　☐ B. 10%~25%

☐ C. 25%~50%　☐ D. 大于 50%

4. 以下哪项最能说明您的投资经验？

☐ A. 除存款、国债外，我几乎不投资其他金融产品

☐ B. 大部分投资于存款、国债等，较少投资于股票、基金等风险产品

☐ C. 资产均衡地分布于存款、国债、银行理财产品，信托产品、股票、基金等

☐ D. 大部分投资于股票、基金、外汇等高风险产品，较少投资于存款、国债

5. 您有多少年投资股票、基金、外汇、金融衍生产品等风险投资品的经验？

☐ A. 没有经验　☐ B. 少于 2 年

☐ C. 2~5 年　☐ D. 5~8 年

☐ E. 8 年以上

6. 以下哪项描述最符合您的投资态度？

☐ A. 厌恶风险，不希望本金损失，希望获得稳定回报

☐ B. 保守投资，不希望本金损失，愿意承担一定幅度的收益波动

☐ C. 寻求资金的较高收益和成长性，愿意为此承担有限本金损失

☐ D. 希望赚取高回报，愿意为此承担较大本金损失

7. 以下情况，您会选择哪一种？

☐ A. 有 100%的机会赢取 1000 元现金

☐ B. 有 50%的机会赢取 5 万元现金

☐ C. 有 25%的机会赢取 50 万元现金

☐ D. 有 10%的机会赢取 100 万元现金

8. 您计划的投资期限是多久？

☐ A. 1 年以下　☐ B. 1~3 年

☐ C. 3~5 年　☐ D. 5 年以上

9. 您的投资目的是什么？

☐ A. 资产保值　☐ B. 资产稳健增长

☐ C. 资产迅速增长

10. 您投资产品的价值出现何种程度的波动时，您会呈现明显的焦虑？

☐ A. 本金无损失，但收益未达预期

☐ B. 出现轻微本金损失

☐ C. 本金 10%以内的损失

☐ D. 本金 20%~50%的损失

☐ E. 本金 50%以上的损失

告知客户风险测评的有效期为一年。

银行提示：

以上测试旨在帮助您了解自己的风险偏好和风险承受能力，从而有助于您选择合适的产品投资。本测试以及资产配置建议可能并不全面和充分，最了解您的还是您自己。请您依据自己的财务状况、收入预期、对资金的流动性要求、对风险的厌恶程度及投资产品的特点等多种因素做出投资决策。请您在产品购买过程中注意核对自己的风险承受能力和产品风险的匹配情况，即使是最激进的客户，也建议您做好资产在不同风险等级产品间的配置工作。如需帮助，建议您联系您的理财经理或财富顾问，得到进一步的资产配置建议。

您提供的信息应当真实、准确、完整，我们的风险评价将基于您提供的有效信息，如因您提供虚假、无效或不完整的信息，导致评价结果出现错误，银行不承担相应责任。**本测试结果的有效期为 12 个月，如您的财务状况发生较大变化或发生可能影响您风险承受能力的其他情况，请您及时通知我们并重新进行测试。**

风险提示：市场有风险，投资需谨慎，购买理财产品前，请认真阅读相关产品合同、协议书、说明书、招募说明书等法律文件，充分了解投资的风险。

图 10-2　客户风险评估问卷

请你说说今日销售的几款理财产品有什么不同呢?

第三步：选购理财产品。

作为理财专员，应为客户推荐与其风险类型相匹配的理财产品。

当客户选好理财产品后，让其填写产品交易信息确认单(见图 10-3)。

理财产品风险揭示书及客户交易信息确认单

银行打印				
客户填写	客户姓名*		资金账号*	
	证件类型*		证件号码*	
	交易类型* (选择"定投协议"请复选"申购"或"赎回"交易)	□ 认购 □ 申购 □ 赎回 □续约申请/修改 □续约终止 □撤单/冲正 □预约申请 □ 预约取消 □ 冻结 □ 解除冻结 □ 分红方式修改 □ 其他 ________ □ 定投/自动投资协议申请及修改（请选择：□申请 □暂停/继续 □终止）		
	产品代号或类型*		交易金额	
	以下周期产品/定投及自动投资选填：			
	周期产品及投资协议金额模式	□ 固定金额（如为定投协议申请及修改，请在交易类型中复选"申购"或"赎回"） □ 不定金额（最低预留金额________最大扣款金额________）		
	周期产品续约期数	□ 限定期数____期 □不限期	产品金额修改模式	□ 追加 □ 返还
	以下定投及自动投资选填：			
	投资协议开始时间	年 月 日	定投资频率(请填写数字)	每______ □周 □月 执行一次
	其他申明及备注			

第一联 银行留存

提醒客户抄录语句并签字。

标注*的为必填项目，除交易类型为"赎回"及周期产品修改模式为"返还"的交易外，客户叙作其他交易均必须进行以下风险确认。

风险提示：理财非存款、产品有风险、投资须谨慎

风险确认：

根据监管部门的要求，为确保个人投资者充分理解本产品的风险，请认真阅读风险揭示，并在此确认栏抄录以下语句：

"本人已经阅读风险揭示，愿意承担投资风险"。

______________________________ 签字：______________

风险揭示：市场有波动，投资有风险。按照中国银行业监督管理委员会的要求，××银行股份有限公司提醒客户注意，投资理财产品可以带来获利机会，也有带来亏损或潜在亏损的可能（您可能遭受到的最不利投资情形详见产品说明书）。

特别声明：

1. 产品说明书、客户权益须知及本交易凭证是投资者与中国银行股份有限公司所签订的"××银行股份有限公司理财产品总协议书"的附件，投资者应认真阅读产品说明书对应的协议，协议对理财产品的认购、赎回等具体事宜、投资收益分配、本金支付、风险揭示、信息披露、违约及争议解决等方面内容做出相应约定，如其中约定与产品说明书对应内容不一致，以产品说明书为准。**产品说明书是本交易凭证的组成部分，投资者签署本交易凭证，即视为对产品说明书的签署。**
2. 本交易凭证由交易所在的 银行股份有限公司分支机构盖章，投资者交易时应在本交易凭证上签字。
3. **如影响您风险承受能力的因素发生变化，请及时完成风险承受能力评估。**

图 10-3 理财产品风险揭示书及客户交易信息确认单

想一想

客户想购买高于其风险承受能力评级的理财产品，作为理财专员，你该怎么做？

《商业银行理财产品销售管理办法》

……

第九条　商业银行销售理财产品，应当遵循风险匹配原则，禁止误导客户购买与其风险承受能力不符的理财产品。

风险匹配原则是指商业银行只能向客户销售风险评级等于或低于其风险承受能力评级的理财产品。

……

第五十三条　销售人员在为客户办理理财产品认购手续前，应当遵守本办法规定，特别注意以下事项：

（一）有效识别客户身份；

（二）向客户介绍理财产品销售业务流程、收费标准及方式等；

（三）了解客户风险承受能力评估情况、投资期限和流动性要求；

（四）提醒客户阅读销售文件，特别是风险揭示书和权益须知；

（五）确认客户抄录了风险确认语句。

第五十四条　销售人员从事理财产品销售活动，不得有下列情形：

（一）在销售活动中为自己或他人牟取不正当利益，承诺进行利益输送，通过给予他人财物或利益，或接受他人给予的财物或利益等形式进行商业贿赂；

（二）诋毁其他机构的理财产品或销售人员；

（三）散布虚假信息，扰乱市场秩序；

（四）违规接受客户全权委托，私自代理客户进行理财产品认购、申购、赎回等交易；

（五）违规对客户做出盈亏承诺，或与客户以口头或书面形式约定利益分成或亏损分担；

（六）挪用客户交易资金或理财产品；

（七）擅自更改客户交易指令；

（八）其他可能有损客户合法权益和所在机构声誉的行为。

第四步：去柜面办理手续。

引导客户携带好银行卡、身份证和填写好的资料，去柜面办理相关手续。

情景模拟

两人一组，其中一人扮演理财专员，为客户提供理财产品的咨询与服务，另一位扮演客户王欣，在理财专员的指导下完成资料的填写。

工作评估

给自己的工作绩效打个分吧！

评分内容	评分标准	参考分值	得分			
			自评	互评	教师评分	综合评分
服装得体	穿工作装，穿戴干净、整齐	10				
语言流畅	语言连贯，用词准确	10				
声音清晰	吐字清晰，音量适中	10				
服务意识	态度和蔼，礼貌待人，全身心地为客户服务	20				
理财建议	理财知识阐述准确，体现专业性	50				
总分						

单元三

风险偏好型客户理财

本单元目标

（1）初步培养学生搜集、整理和分析国家各项金融宏观经济政策和经济数据的能力。

（2）培养学生获取客户信息、分析客户信息、制订理财方案的能力。

（3）在与客户沟通确认的基础上，能够按照业务操作流程协助客户办理理财产品的相关手续。

（4）培养具有熟练使用办公软件和现代化办公设备处理业务工作的能力。

本单元主要介绍高风险基金、投资连结型保险、纸黄金和非保本浮动收益类理财产品的基本知识和理财技巧，旨在使学生更好地为客户提供理财咨询与服务。

学习项目	学习内容	课时
项目1　普通客户理财	1. 股票型基金的理财技巧和办理流程 2. 投资连结型保险的理财技巧和办理流程	8
项目2　VIP客户理财	1. 纸黄金业务的基本知识和理财技巧 2. 非保本浮动收益类理财产品的办理流程	12

项目 1　普通客户理财

任务 11　高风险基金理财产品投资

任务目标

（1）学习股票型基金的基本知识；
（2）学习高风险基金产品的理财技巧；
（3）树立岗位意识、理财服务意识。

岗前准备

(1)《开放式基金交易协议书》;
(2)《开放式基金账户类业务凭条》;
(3)《开放式基金交易类业务凭条》;
(4)《风险评估问卷》。

工作内容

运用股票型基金理财产品为普通客户提供理财咨询与服务。

客户资料

最近股市行情不错，客户老李也想进入股市，可是又担心风险太大，于是他来到银行，打算投资 10000 元申购股票型基金。假如你是理财专员，请你为客户提供理财咨询与服务。

客户风险承受能力：★★★

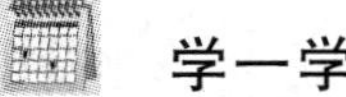

下面，我们先一起了解一下股票型基金的基本常识吧！

1. 股票型基金的定义

股票型基金是指以公司股票为主要投资对象的基金。一般要求股票型基金投资比例至少 60％必须投资于股票。

相对于其他证券投资基金而言，股票型基金具有高风险与高收益并存的显著特点；而相对于股票而言，股票型基金具有专家理财、分散风险的优势。因此，对于具有一定风险承受能力、收益期望较高、没有时间关注股票市场的投资者来说，是一种不错的选择。

2. 股票型基金的分类

根据投资风险与收益的不同，股票型基金可分为价值型基金、成长型基金和平衡型基金。

(1) 价值型基金：注重价格

在三类基金中，价值型基金的风险最小，但收益也较低，适合想分享股票基金收益、但更倾向于承担较小风险的投资者。

通常来说，价值型基金采取的投资策略是低买高卖，重点关注股票目前价格是否合理。因此，价值型投资的第一步就是寻找价格低廉的股票。

价值型基金多投资于公用事业、金融、工业原材料等较稳定的行业，而较少投资于市盈率倍数较高的股票，如网络科技、生物制药类公司的股票。

(2) 成长型基金：注重成长潜力

在三类基金中，成长型基金适合愿意承担较大风险的投资者。因为这一类基金风险最高，不过，赚取高收益的成长空间相对也较大。

成长型基金在选择股票的时候对股票的价格考虑得较少，需投资产业处于成长期的公司，在具体选股时，更青睐投资具有成长潜力的如网络科技、生物制药和新能源材料等类上市公司。

(3) 平衡型基金：价格成长性兼顾

平衡型基金则是处于价值型和成长型之间的基金，在投资策略上一部分投资股价被低估的股票，一部分投资处于成长型行业上市公司的股票。

因此，在三类基金中，平衡型基金的风险和收益介于上述两者之间，适合大多数投资者。

搜一搜

你知道从哪些网站上可以获取基金公司的排名吗？请至少列举出三个网站。

____

____

____

理财技巧

1. 如何选择股票型基金

(1) 投资取向

在选择基金时要看基金的投资取向是否适合自己，特别是对没有运作历史的新基金公司所发行的产品更要仔细观察。基金的不同投资取向代表了基金未来的风险、收益程度，因此应选择适合自己风险、收益偏好的股票型基金。

(2) 基金公司的品牌

买基金是买一种专业理财服务，因此提供服务的公司本身的素质非常重要。目前国内多家评级机构会按月公布基金评级结果。尽管这些结果尚未得到广泛认同，但将多家机构的评级结果放在一起也可作为投资时的参考。

2. 应对股票型基金高台跳水的招数

(1) 将一部分收益现金化,落袋为安

在行情不稳的时候,为了锁定收益,如果原来选择红利再投资的,不妨暂时改为现金红利,否则就实现不了避险的目的。

(2) 抛售老的基金锁定收益,同时购买新发行的基金

在股票明显升值期间,应该购买已经运作的老基金,因为老基金仓位重,可以快速分享牛市收益。而在股市盘整期,则应该购买新发行的基金。新基金一般有一个月的发行期,然后是1个月以上的封闭期(建仓时期),从发行到运作需要的时间,刚好可避过股市盘整,而正好在股价继续上扬的情况下开始运作。

工作流程

第一步:基金开户。

客户第一次到银行购买开放式基金,需签订《银行开放式基金交易协议书》(见图11-1)和《开放式基金账户类业务凭条》(见图11-2)。

银行开放式基金交易协议书

甲方:　　银行

乙方:_______________

第一条　根据中国证券监督管理委员会《证券投资基金管理公司管理办法》、《证券投资基金销售管理办法》、《证券投资基金运作管理办法》、《银行开放式基金代销业务柜台交易管理办法》,甲乙双方就开放式基金交易有关事项达成如下协议,共同遵守。

第二条　本协议受国家有关法律、法规及基金管理公司有关规定约束。甲乙双方在办理开放式基金交易时,须共同遵守国家有关法律、法规及中国证监会《证券投资基金管理公司管理办法》、《证券投资基金销售管理办法》、《证券投资基金运作管理办法》、《中国银行开放式基金代销业务柜台交易管理办法》。

第三条　乙方声明乙方充分了解基金不同于银行储蓄和债券,基金在获得较高的收益的同时,也承担着较大的风险,基金投资有可能损失本金。乙方保证具备与此风险相应的风险承受能力,并自愿承担基金投资可能产生的相关投资风险。

图11-1　银行开放式基金交易协议书

第四条　乙方自愿在甲方开立基金交易账户，并向甲方申请办理甲方所代理的开放式基金的认购、申购、赎回基金单位等基金业务，并办理其他相关手续，乙方的上述基金业务交易申请是乙方根据相关基金的基金合同所规定发出的要求进行上述交易的要约。乙方同意甲方根据基金交易业务的需要自动为乙方到基金注册与过户登记机构办理基金账户开户手续，并同意提供相关基金注册登记机构所需的乙方开户资料。

第五条　乙方保证开户填写有关资料的内容真实、正确、完整、有效，当有关资料发生变化时，须及时到甲方办理更改手续。因乙方提供资料不实或更改不及时导致基金交易委托和其他手续不能正常进行时，乙方应自行承担责任。

第六条　甲方印制的各种基金业务交易申请凭证适用于甲方代理销售的所有基金。但鉴于不同基金的交易规则并不完全相同，乙方通过填写申请凭证所申请办理的相关基金业务及相关手续，可能只被基金管理公司部分接受，乙方某些申请事项可能会因不符合某些基金管理公司规定要求而被拒绝接受。乙方在填写各种基金业务申请凭证之前，应仔细了解乙方申请交易的基金的交易规则，并且同意承担申请事项因不符合基金管理公司规定要求而被拒绝接受的全部后果。对申请凭证中被接受的申请事项视为乙方的要约被接受。

第七条　鉴于乙方可能委托甲方办理多只基金的交易手续，不同基金的交易条件、手续可能因有关基金的基金合同、代销合同、登记过户规则的不同存在差异。乙方向甲方申请办理开立基金账户、认购、申购、赎回某一基金或设置分红方式等业务的行为，即表明乙方已认真阅读并理解基金的有关交易规则，自愿受其约束。

第八条　乙方在办理基金业务时，应确保在甲方同时开立指定资金账户，用于办理基金买卖的资金结算。基金交易账户未销户前，乙方不得撤销该资金账户。如乙方自行关闭资金账户，造成红利资金和赎回资金无法入账，乙方应自行承担责任。

第九条　乙方使用借记卡密码所进行的一切基金业务，银行均视为乙方亲自办理。

第十条　甲方将根据相关基金的基金合同、招募说明书、有关法律文件及其附件的规定以及相关基金管理公司的要求和甲方的业务规则制订《中国银行基金交易规则须知》。甲方保证向乙方提供前述《中国银行基金交易规则须知》，并将其作为本协议的附件，与本协议具有同等的法律效力。

第十一条　本协议书由双方签字盖章后生效。处理双方纠纷时以本协议书为准。本协议书一式两份，甲乙双方各执一份。

甲方：　　银行	乙方：
签章	签章
日期：	日期：

图　11-1(续)

开放式基金账户类业务凭条

特别提示：填写前请您认真阅读表格背面的《××银行股份有限公司基金交易协议》！

银行打印

核准： 经办： 交易日期：

本单仅代表××银行接受您的委托，但不确保交易成功，最终确认方为注册登记机构或基金管理公司。

客户填写

个人客户填写

请选择交易类型 □1.开立银行交易账户 □3.登记基金账户 □5.修改账户资料
□2.注销银行交易账户 □4.取消登记基金账户 □6.注销基金账户

客户姓名： 基金账号：
资金账号： 银行交易账号：
证件类型 □身份证 □其他______ 地址类型 □家庭地址 □单位地址
证件号码： 通信地址/邮编：
客户电话/手机/E-Mail

对公客户填写

请选择交易类型 □1.开立银行交易账户 □3.登记基金账户 □5.维护资金账户
□2.注销银行交易账户 □4.取消登记基金账户 □6.注销基金账户

资金账号： 单位名称：
银行交易账号： 通信地址/邮编：
基金账号： 联系电话/手机：
新增资金账户： 经办人证件类型 □身份证 □其他______
变更资金账户： 经办人姓名：
预留印鉴： 经办人证件号码：
备注：

客户签章

本人/单位认真阅读了《××银行股份有限公司基金交易协议》和《证券投资基金投资人权益须知》，充分知晓开放式基金的风险，自愿办理××银行代理的基金业务，自担投资风险。

请认真核对以上内容后签字确认。

客户签字：____________ 日期：____________

*请于T+2日到网点打印账户确认单，以确认交易是否成功。

第一联 银行留存

事后监督： 核准： 经办：

图 11-2 开放式基金账户类业务凭条

第二步：进行风险测评。

风险测评(见图 11-3)的目的是了解客户的风险类型,以便为其推荐与其风险承受能力相匹配的基金产品。风险测评的有效期为 1 年。

银行股份有限公司个人客户风险评估问卷（2013 年版）

以下 10 个问题将根据您的财务状况、投资经验、投资风格、风险偏好和风险承受能力等对您进行风险评估，我们将根据评估结果为您更好地配置资产。请您认真作答，感谢您的配合！（每个问题请选择唯一一选项，不可多选）

1. 您的年龄是？

□ A.18~30岁 □ B.31~50岁
□ C.51~64岁 □ D.65 岁及以上

2. 您的家庭年收入为（折合人民币）？

□ A.5 万元以下 □ B.5万~20 万元
□ C.20万~50 万元 □ D.50万~100 万元
□ E.100 万元以上

3. 在您每年的家庭收入中，可用于金融投资（储蓄存款除外）的比例为？

□ A.小于 10% □ B.10%~25%
□ C.25%~50% □ D.大于 50%

4. 以下哪项最能说明您的投资经验？

□ A.除存款、国债外，我几乎不投资其他金融产品
□ B.大部分投资于存款、国债等，较少投资于股票、基金等风险产品
□ C.资产均衡地分布于存款、国债、银行理财产品，信托产品、股票、基金等
□ D.大部分投资于股票、基金、外汇等高风险产品，较少投资于存款、国债

5. 您有多少年投资股票、基金、外汇、金融衍生产品等风险投资品的经验？

□ A.没有经验 □ B.少于 2 年
□ C.2~5 年 □ D.5~8 年
□ E.8 年以上

6. 以下哪项描述最符合您的投资态度？

□ A.厌恶风险，不希望本金损失，希望获得稳定回报
□ B.保守投资，不希望本金损失，愿意承担一定幅度的收益波动
□ C.寻求资金的较高收益和成长性，愿意为此承担有限本金损失
□ D.希望赚取高回报，愿意为此承担较大本金损失

7. 以下情况，您会选择哪一种？

□ A.有 100%的机会赢取 1000 元现金
□ B.有 50%的机会赢取 5 万元现金
□ C.有 25%的机会赢取 50 万元现金
□ D.有 10%的机会赢取 100 万元现金

8. 您计划的投资期限是多久？

□ A.1 年以下 □ B.1~3 年
□ C.3~5 年 □ D.5 年以上

9. 您的投资目的是什么？

□ A.资产保值 □ B.资产稳健增长
□ C.资产迅速增长

10. 您投资产品的价值出现何种程度的波动时，您会呈现明显的焦虑？

□ A.本金无损失，但收益未达预期
□ B.出现轻微本金损失
□ C.本金 10%以内的损失
□ D.本金 20%~50%的损失
□ E.本金 50%以上的损失

银行提示：

以上测试旨在帮助您了解自己的风险偏好和风险承受能力，从而有助于您选择合适的产品投资。本测试以及资产配置建议可能并不全面和充分，最了解您的还是您自己。请您依据自己的财务状况、收入预期、对资金的流动性要求、对风险的厌恶程度及投资产品的特点等多种因素做出投资决策。请您在产品购买过程中注意核对自己的风险承受能力和产品风险的匹配情况，即使是最激进的客户，也建议您做好资产在不同风险等级产品间的配置工作。如需帮助，建议您联系您的理财经理或财富顾问，得到进一步的资产配置建议。

您提供的信息应当真实、准确、完整，我们的风险评价将基于您提供的有效信息，如因您提供虚假、无效或不完整的信息，导致评价结果出现错误，银行不承担相应责任。**本测试结果的有效期为 12 个月，如您的财务状况发生较大变化或发生可能影响您风险承受能力的其他情况，请您及时通知我们并重新进行测试。**

风险提示：市场有风险，投资需谨慎，购买理财产品前，请认真阅读相关产品合同、协议书、说明书、招募说明书等法律文件，充分了解投资的风险。

图 11-3　客户风险评估问卷

第三步：基金申购、认购。

当客户选好基金产品后，理财专员要指导客户填写《开放式基金交易类业务凭条》（见图 11-4）。

开放式基金交易类业务凭条

特别提示：填写前请您认真阅读表格背面的《基金投资风险提示函》！

银行打印

核准： 经办： 交易日期：

本单仅代表××银行接受您的委托，但不确保交易成功，最终确认方为注册登记机构或基金管理公司。

客户填写

基金交易信息

银行卡号/资金账号： 银行交易账号（选填）：

基金代码/名称： 货币类型 □人民币 □美元 □其他____

交易类型	交易方式		
□1.认购	认购金额：		
□2.申购	申购金额：		
□3.定期定额	□开通 □取消	□修改	每月扣款日期： 银行扣款金额：
□4.赎回	□非连续	□连续	赎回份额：
□5.撤单	原基金交易流水号：		原交易类型：
□6.分红	□现金	□红利再投资	
□7.基金转换	转出基金代码/名称： 转入基金代码/名称：		转换份额： 转换方式 □非顺延 □顺延
□8.转托管	□转托管转出 □转托管转入 转托管份额：	对方销售商代码： 对方交易流水号：	对方销售网点： 对方交易账号：

风险提示

1. 本人/单位已阅读《基金投资风险提示函》和《证券投资基金投资人权益须知》，充分知晓基金投资风险，自愿办理中国银行代理的基金业务，自担投资风险。 □是 □否
2. 风险匹配度提示，若您所选购基金产品的风险等级高于您的风险测评承受等级，是否确认继续交易？ □是 □否
3. 交易时间提示，若下单时间不在开放式基金联机交易时间之内，我行系统将默认为挂单交易，该交易将在下一交易日受理，是否确认继续交易？ □是 □否

本栏由单位客户补充填写：

单位名称：________ 资金账号：________

预留印鉴：________

请认真核对以上内容后签字确认。

客户签字：________ 日期：________

*请于T+2日到网点打印交易确认单，以确认交易是否成功。

第一联 银行留存

事后监督： 核准： 经办：

图 11-4 开放式基金交易类业务凭条

第四步：到柜面办理手续。

当客户填完申、认购信息后，让客户携带银行卡、身份证和填好的资料到柜面办理手续。

情景模拟

两人一组，其中一人扮演理财专员，为客户介绍股票型基金的知识，并引导客户办理股票型基金的申购，另一人扮演客户老李，在理财专员的引导下，完成基金业务的办理。表 11-1 为某股票型基金的产品信息。

表 11-1　某股票基金产品资料

<table>
<tr><td colspan="5">××主题策略股票型证券投资基金</td></tr>
<tr><td>基金名称</td><td colspan="2">××主题股票</td><td>基金类型</td><td>股票型</td></tr>
<tr><td>基金代码</td><td colspan="2">××××××</td><td>交易状态</td><td>申购打开　赎回打开　定投关闭</td></tr>
<tr><td>基金管理费</td><td colspan="2">1.50%</td><td>基金托管费</td><td>0.25%</td></tr>
<tr><td>成立日期</td><td colspan="2">2012-09-21</td><td>最新规模</td><td>15.11 亿元</td></tr>
<tr><td rowspan="5" colspan="2">(认) 申购费率</td><td colspan="2">申购金额(M)</td><td>费率</td></tr>
<tr><td colspan="2">M≥500 万元</td><td>1000 元/笔</td></tr>
<tr><td colspan="2">200 万元≤M<500 万元</td><td>0.80%</td></tr>
<tr><td colspan="2">50 万元≤M<200 万元</td><td>1.20%</td></tr>
<tr><td colspan="2">M<50 万元</td><td>1.50%</td></tr>
<tr><td colspan="2">投资目标</td><td colspan="3">本基金在严格控制风险的前提下，采用主题投资策略和精选个股策略的方法进行投资，力争实现基金资产的长期稳健增值</td></tr>
</table>

工作评估

给自己的工作绩效打个分吧！

<table>
<tr><td rowspan="2">评分内容</td><td rowspan="2">评 分 标 准</td><td rowspan="2">参考分值</td><td colspan="4">得　分</td></tr>
<tr><td>自评</td><td>互评</td><td>教师评分</td><td>综合评分</td></tr>
<tr><td>服装得体</td><td>穿工作装，穿戴干净、整齐</td><td>10</td><td></td><td></td><td></td><td></td></tr>
<tr><td>语言流畅</td><td>语言连贯，用词准确</td><td>10</td><td></td><td></td><td></td><td></td></tr>
<tr><td>声音清晰</td><td>吐字清晰，音量适中</td><td>10</td><td></td><td></td><td></td><td></td></tr>
<tr><td>服务意识</td><td>态度和蔼，礼貌待人，全身心地为客户服务</td><td>20</td><td></td><td></td><td></td><td></td></tr>
<tr><td>理财建议</td><td>理财知识阐述准确，体现专业性</td><td>50</td><td></td><td></td><td></td><td></td></tr>
<tr><td colspan="6">总分</td><td></td></tr>
</table>

任务12 投资连结型保险理财投资

任务目标

（1）学习投资连结型保险的基本知识；
（2）学习投资连结型保险的理财技巧；
（3）树立岗位意识、理财服务意识。

岗前准备

投资连结型保险投保书。

工作内容

运用投资连结型保险理财产品为普通客户提供理财咨询与服务

客户资料：

客户王明今日来到银行，想购买一款投资连结型保险产品，请你为他提供理财咨询与服务。

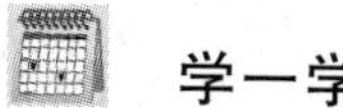

学一学

下面，我们先一起了解一下投资连结型保险吧！

1. 投资连结型保险的定义

投资连结型保险，简称投连险，指包含保险保障功能并至少在一个投资账户拥有一定资产价值的人身保险。

2. 投资连结型保险的特征

（1）透明性

投连险保单在操作上透明度很高，保单所有人可以看清楚每期的保单资金在投资、死亡率费用、附加费用上的具体分配情况，也可以看清保费、风险保额、净风险保额、现金价值等保单要素的运作过程。

（2）灵活性

保险金额可以灵活调整，投资账户也可以灵活转换。

（3）消费者主导性

支付了初期最低保费之后，保单所有人可以按其需要在任意时间支付任意数量的保费，甚至可以暂停保费支付，只要保单的现金价值足够支付保险成本与附加费用。

（4）综合性的动态理财工具

投连险可以满足消费者保障理财、储蓄理财与投资理财三种需求，消费者可以按照自己的需要，把保费在风险保障账户、货币市场账户、资本市场账户之间灵活配置，既可以做成“保障为主、投资为辅”，也可以做成“投资为主、保障为辅”，甚至“储蓄为主，保障为辅”，等等。

3. 理财型寿险产品比较

目前，我们已经学完了三种理财型保险产品，为了更好地掌握三类保险，我们对三种保险作个比较，见表12-1。

表12-1　三种保险类型比较

项　目	分红保险	万能保险	投资连结险
预订利率	有	可有较低的预订利率	无
投资收益	保底、有无分红看经营状况	保底、实际收益与投资账户收益相关	不保底、客户承担全部投资风险
身故给付	约定保险金额+红利	不固定	不保证的投资账户累计值
退保给付	最低保证现金价值+红利	现金价值	不保证的投资账户累计值
保单提款	无	可以中途提款	无
保户风险	现金价值是保证的，退休可领回约定现金价值	现金价值虽无保证，但其累积利率不会低于最低现金价值累积利率	现金价值不保证，因是用现金价值购买基金，若投资失败则退保金为零
投资风险	公司承担风险	保险公司和客户分担风险	投保人承担风险与盈利
保险保障	基本上固定不变，缺乏弹性	首次保费有最低限制，之后缴费时间和缴费数额都不固定，有较大弹性	有最低保费给付保证，在期缴的情况下，保户可以增加或降低保费
适用范围	客户将投资风险转嫁给保险公司，适于风险承受能力低、投资需求不高、以保障为主的客户	客户与保险公司共担风险，适于风险承受能力较低、对保险希望有更多选择权的客户	保险公司将投资风险转嫁给客户，适于有较高风险承受能力、追求高资产收益的客户

理财技巧

购买投资连结型保险产品的注意事项

(1) 坚定长期投资的信念

由于投保投资连结型保险必须缴纳一笔不低的初始费用，而在退保时根据投保年限又要缴纳一定的手续费，因此最好长期持有。

(2) 仔细比较年管理费

由于投资连结型保险的管理费用是按照投资账户总额收取，因此，若选择的是收益较低的稳健型投资账户，那么管理费用对于收益的侵蚀尤为明显。

(3) 不可只看产品在某一年的回报

投资连结型保险在资本市场好的年份回报就可能高；反之可能较低，并且投资连结型保险较适合中长期投资，因此更要注重产品的长期回报。

(4) 学会调整账户配置

各类投资连结型保险都会提供多种不同风格的投资账户供投保人选择，投保者可根据自己对股市、债市的判断做一些账户配置上的调整。

工作流程

第一步：根据客户需求向客户介绍投资连结型保险产品信息。

第二步：指导客户填写投保单(见图12-1)。

银代保险专用投保书及授权声明

UA006

第一联 公司留存

投保人	姓 名：	性别：男□ 女□	出生日期： 年 月 日	与被保险人关系
	证件名称：	证件号码		证件有效期限
	国 籍：	移动电话：	固定电话：	职业名称
	通信地址：( )省 ( )市 ( )区／县			职业编码
	( )门牌号			邮政编码
被保险人	姓 名：	性别：男□ 女□	出生日期： 年 月 日	联系电话
	证件名称：	证件号码		证件有效期限
	通信地址：( )省( )市( )区／县		国 籍	职业名称
	( )门牌号		邮政编码	职业编码

投保事项	险种名称	险种代码	保险期间 / 满期年龄（按险种二选一填写）	保险金额 / 投保份数（按险种二选一填写）	保险费	交费期间（年或至周岁）
	保险费合计：(大写)				(小写)￥：	
	指定账户：投保人账户姓名：			交费方式： 一次交清□ 年交□ 月交□		
	开户行全称：		账 号			
	领取信息	领取频率：一次性□ 月领□ 年领□	领取期限：五年□ 十年□ 十五年□ 二十年□			
		领取年龄：	领取方式：固定期限平准式□ 6%算术递增式□			

身故受益人姓名	国籍	证件名称	证件有效期限	证 件 号 码	与被保险人关系	受益顺序	受益份额%

投保人告知：未成年被保险人在其他公司已参保的累计身故保险金额为： 元。

声明栏

1. 被保险人未患有下列疾病：恶性肿瘤、脑血管疾病、心功能不全Ⅱ级以上、高血压Ⅱ级以上、糖尿病、心肌梗塞、肝硬化、慢性肾脏疾病、肾功能不全、再生障碍性贫血、癫痫、系统性红斑狼疮、性传播疾病、白血病、慢性酒精中毒、精神疾病、智力障碍、阿尔兹海默氏病（老年痴呆或早老年痴呆症）、帕金森氏病、重症肌无力、多发性硬化症、失明、瘫痪、先天性疾病、遗传性疾病、艾滋病或艾滋病病毒携带者；被保险人未曾或正在吸毒。
2. 被保险人无从事职业潜水、跳伞、滑翔、攀岩、探险、武术比赛、摔跤比赛、特技表演、赛马、赛车、私人性质飞行活动（乘客身份搭乘民航客机除外）等带有危险性的活动。
3. **贵公司已向本人提供保险条款，说明保险合同内容，特别提示并明确说明了免除保险人责任的条款。本人已认真阅读并理解保险责任、责任免除、合同生效、解除、未成年人身故保险金限额、保险事故通知等保险条款的各项内容，以及分红保险、万能保险、投资连结保险等新型产品的产品说明书。**
4. 本人在投保书中的所有陈述和告知均完整、真实，已知悉本投保书如非本人亲笔签名，将对本保险合同效力产生影响。
5. **本人已知晓犹豫期事宜**：保险期间在一年以上的合同设有犹豫期，**即自投保人收到保险单并书面签收之日起十日的期间**。在犹豫期内投保人申请退保的，保险公司收到退保申请后，保险合同终止，并在扣除一定工本费后将实际交纳的保险费退还投保人。犹豫期过后投保人申请退保的，保险公司收到退保申请后，保险合同终止，并将保险单的现金价值退还投保人。
6. 本人及被保险人授权贵公司在必要时可随时向被保险人所诊治的医院或医师及有关机构，查询有关记录、诊断证明，本人和被保险人均无异议。
7. 本人授权贵公司委托本人开户银行对指定账户按照保险合同约定的方式、金额，划转首期、续期保险费及以转账方式将保险金、退保金、退费等给付转入指定账户，若本人指定账户发生变更，及时至贵公司办理变更手续。
8. **本人已知悉本投保书不得作为收取现金的凭证，公司未授权保险营销员、保险中介机构（银行除外）收取1000元以上的现金保险费。**
9. “本人已阅读保险条款、产品说明书和投保提示书，了解本产品的特点和保单利益的不确定性”。请在以下空白处，抄写上述内容：

投保人签名： 被保险人（或法定监护人）签名： 投保日期： 年 月 日

经办机构	网点代码：	经办人签章： （编号： ）	机构签章：	银行代码：
保险公司	业务员姓名：	业务员号：	联系方式：	所属机构：

须用黑色或蓝黑色墨水笔字迹工整、完整准确填写，并由投保人、被保险人亲笔签名。

全国统一客服电话：.

1202C

图 12-1 客户投保单

第三步：办理手续。

如果是银保通业务，直接带领客户到柜面办理手续，领取保险合同；否则，客户填完投保单后直接交理财专员，由银行递交给保险公司，3～7 日后客户再来领取保险合同。

情景模拟

两人一组，其中一人扮演理财专员，引导客户购买投资连结型保险产品，另一人扮演客户王明，在理财专员的引导下，完成投资连结型保险产品的购买。表 12-2 为某投资连结型保险的产品信息。

表 12-2　某投资连结型保险产品资料

产品名称	××投资连结保险
产品属性	理财型保险
发行公司	××人寿
适用人群	18～65 周岁的客户
产品特色	投资风格稳健，股票型积极成长账户自 2007 年 7 月成立以来，投资收益大幅超越上证指数，到 2009 年 6 月上证指数 3000 点时账户价格已回到 6000 点的水平 1. 除积极成长账户以外，还有债券型稳健收益账户，两账户间一年五次免费转移 2. 可附加保障，身故和大病保障任意选择 3. 保障成本低，例如：30 岁女性每十万元身故保障每月只需 3 元多 4. 缴费灵活，一次性缴费，可随时追加
产品功能	投资＋保障
保险责任	生存领取金：根据投资账户的投资收益而定 基本身故保险金：保单账户价值的 105%，不需要额外缴费 大病及可选身故保险金：额度在 50 万元以内自由选择(需缴纳风险保障费用)
保险费	一次性缴纳 1000 元或其倍数，在保单生效十天后(犹豫期结束)，投保人可追加投资，投资金额须为千元的倍数
支付方式	B2C 支付

工作评估

给自己的工作绩效打个分吧！

评分内容	评分标准	参考分值	得分			
			自评	互评	教师评分	综合评分
服装得体	穿工作装，穿戴干净、整齐	10				
语言流畅	语言连贯，用词准确	10				
声音清晰	吐字清晰，音量适中	10				
服务意识	态度和蔼，礼貌待人，全身心地为客户服务	20				
理财建议	理财知识阐述准确，体现专业性	50				
总分						

项目2 VIP客户理财

任务13 纸黄金理财投资

任务目标

(1) 学习纸黄金的基本知识;
(2) 学习纸黄金的理财技巧;
(3) 树立岗位意识、理财服务意识。

岗前准备

(1)《个人账户贵金属交易申请书》;
(2)《个人账户贵金属交易凭证》。

工作内容

运用纸黄金理财产品为VIP客户提供理财咨询与服务。

客户资料

客户小张今日来到银行,想办理纸黄金业务,请你为她提供理财咨询与服务。

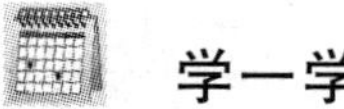

学一学

下面,我们先一起学一学纸黄金的基本知识吧!

1. 纸黄金的定义

纸黄金是指银行的个人记账式黄金交易,银行和个人投资客户之间不发生实金提取和交割,其报价则跟随黄金市场的波动情况加入各自点差,投资者可以把握金价走势赚取差价。

纸黄金的盈利模式是低买高卖,获取差价利润。

2. 纸黄金的优势

(1) 交易成本低

无开户费,无交易手续费,无须进行实物交割,省去储藏、运输、鉴别费用,交易成本低廉。

(2) 交易时间长

例如,中国工商银行电子银行渠道每周一早7:00至周六早4:00提供连续交易服务。

(3) 交易起点低

以中国银行的“黄金宝”为例,交易品种有两种。

① 本币金:以人民币为交易本金,交易单位为“克”,最低交易量为10克黄金,超出部分交易量为1克的整数倍。

② 美元金:以美元为交易本金,交易单位为“盎司”,最低交易量为1盎司黄金,超出部分交易量为0.1盎司的整数倍。

(4) 交易渠道广

网点柜面提供面对面的服务,网上银行、电话银行及手机银行提供随时、随地、随身的交易服务。

(5) 交易方式灵活多样

账户贵金属的交易方式有实时委托和委托交易两种。其中委托交易包括获利委托、止损委托及双边委托三种。

(6) 实时清算

账户贵金属买卖资金实时清算,即时到账,最大限度地提高资金使用效率。

3. 适用客户

(1) 有一定交易经验和风险承受能力,对黄金市场有一定认识,希望通过把握市场走势赚取价差收益的交易需求型客户。

(2) 有一定投资经验和风险承受能力,有通过长期持有黄金对资产进行多元化配置、实现资产保值增值的资产配置型客户。

搜一搜

你知道黄金的价格会受到哪些因素的影响吗?请至少写出三条影响黄金价格走势的因素。

____

____

____

____

理财技巧

1. 选择哪家银行开户炒金

(1) 看服务的便捷性。

(2) 看交易方式是否多样。

(3) 看银行收取手续费的高低,即点差。

也许你会发现各银行提供的报价不一样,其中的原因就在于银行在进行报价的时候,通常会把交易的点差(也就是银行所收取的手续费)计算在内,买入的价格是按照报价基准加上点差,卖出的价格则为报价基准减去点差。

假设某银行单边交易点差为0.7元/克,国际市场的即时价格折算成人民币为320元/克,那么该行即时报价即为投资者买入价320.7元/克,卖出价为319.3元/克。

（4）看入市门槛

例如，中国银行的纸黄金10克起可入市，而中国工商银行的纸黄金1克起即可入市。

2. 炒金亏损的原因

（1）盲目入市，没有学习必要的专业知识。

许多人听说炒金盈利机会大，就贸然入市，没有学习相关的知识，甚至交易规则、软件使用都不清楚。“工欲善其事，必先利其器”，自己手里的资源都不了解，想不亏都难。

（2）没有自己的分析判断和冷静操作。

（3）满仓操作。

常态下，不宜满仓，不要想着这波行情假如满仓，自己能多赚多少，而应该考虑如果失利自己是否能够承受。在没有出现大逆转的情况下，如果出现套牢头寸，必须有足够的资金在低位承接，以摊薄成本。

（4）不能保持良好的心态。

小常识

纸黄金交易的专业术语

先买入后卖出交易是指客户先买入账户贵金属，再卖出已买入账户贵金属的交易。客户累计卖出账户贵金属的数量不能大于累计买入的数量。

先卖出后买入交易是指客户首笔交易为卖出交易，然后在卖出的数量内部分或全部买入账户贵金属的交易。客户累计买入账户贵金属的数量不能大于累计卖出的数量。

获利委托是指客户设定的委托买入价低于当前银行卖出价，或设定的委托卖出价高于当前银行买入价，当银行相应报价达到客户设定的价格，即按客户设定的价格成交的买卖指令。

止损委托是指客户设定的委托卖出价低于当前银行买入价，或设定的委托买入价高于当前银行卖出价，当银行相应报价达到客户设定的价格，即按客户设定的价格成交的买卖指令。

双向委托同时包括获利委托与止损委托。客户订立双向委托后，若其中任何一项委托成交，另外一项委托自动失效。

追加委托是指客户在获利委托、止损委托、双向委托（统称主委托）的基础上附加另一委托，该委托可以为获利委托、止损委托或双向委托之一。追加委托买卖方向须与主委托买卖方向相反。追加委托属于或有委托，仅在主委托成交后生效，当主委托为双向委托时，客户仅可选择在获利或止损一方追加委托，双向主委托成交时，只有在主委托成交方向追加的委托才能生效。

工作流程

第一步：纸黄金账户开户。

理财专员指导客户填写《个人账户贵金属交易申请书》（见图13-1）。

银行 个人账户贵金属交易申请书

银行打印			
申请人姓名		证件类型	□身份证 □军官证 □士兵证 □武警警官证 □港澳居民往来内地通行证 □台湾地区居民来往内地通行证 □外国护照 □其他（请注明）：______
证件号码			
手机号码			
申请类型	□开办账户贵金属交易 □注销账户贵金属交易 □变更本地区手机号码 □变更本地区资金账户指定的银行账/卡号		
指定资金账户的银行账/卡号			
变更后资金账户的银行账/卡号			
变更后的手机号码			
客户确认	本人已充分了解账户贵金属的产品特点及相关风险，认真阅读并承诺遵守《 ×× 银行账户贵金属产品介绍》和《 ×× 银行账户贵金属交易规则》的全部内容，愿意且有能力承担上述风险造成的后果，同意签署并履行《×× 银行账户贵金属交易协议（个人客户）（2013年版）》。本人保证提供及填写的业务资料真实、有效，确认银行打印内容准确无误且与本人业务需求相符一致，对因违反规定而造成的损失和后果，本人愿意承担一切责任。 申请人签名： 申请日期： 年 月 日	银行签章： 年 月 日	

第一联 银行留存联

图 13-1 个人账户贵金属交易申请书

银行 个人账户贵金属交易凭证

区域	项目	子项目	细项	内容
银行打印				
客户填写	客户姓名		客户证件类型	客户证件号码
客户填写	交易方式			□先买入后卖出交易 □先卖出后买入交易 □定投交易
客户填写	资金账户的银行账/卡号			
先买入后卖出/先卖出后买入交易	交易类型			□实时交易 □挂单交易：□获利挂单 □止损挂单 □双向挂单 □追加挂单 □撤销挂单
先买入后卖出/先卖出后买入交易	交易品种			□账户黄金 □账户白银 □账户铂金 □账户钯金
先买入后卖出/先卖出后买入交易	交易币种			□人民币 □美元现钞 □美元现汇
先买入后卖出/先卖出后买入交易	交易方向			□买入开仓 □卖出平仓 □卖出开仓 □买入平仓
先买入后卖出/先卖出后买入交易	交易数量			□________克 □________盎司
先买入后卖出/先卖出后买入交易	挂单交易	获利挂单	挂单价格	□________人民币元/克 □________美元/盎司
先买入后卖出/先卖出后买入交易	挂单交易	止损挂单	挂单价格	□________人民币元/克 □________美元/盎司
先买入后卖出/先卖出后买入交易	挂单交易	双向挂单	获利挂单价格	□________人民币元/克 □________美元/盎司
先买入后卖出/先卖出后买入交易	挂单交易	双向挂单	止损挂单价格	□________人民币元/克 □________美元/盎司
先买入后卖出/先卖出后买入交易	挂单交易	追加挂单		□追加获利 □追加止损 □追加双向
先买入后卖出/先卖出后买入交易	挂单交易	追加挂单	追加获利挂单价格	
先买入后卖出/先卖出后买入交易	挂单交易	追加挂单	追加止损挂单价格	
先买入后卖出/先卖出后买入交易	挂单交易	撤销挂单	挂单编号：	
先买入后卖出/先卖出后买入交易	挂单交易	挂单有效期		□24小时 □48小时 □72小时 □96小时 □120小时 □当周有效 □30天
定投交易	交易类型			□设定定投计划 □修改定投计划 □终止定投计划
定投交易	设定定投计划	交易品种		□账户黄金 □账户白银 □账户铂金 □账户钯金
定投交易	设定定投计划	交易币种		□人民币 □美元现钞 □美元现汇
定投交易	设定定投计划	定投周期		□按日定投 □按月定投：每月______日（1～25日之间）
定投交易	设定定投计划	定投期限		□1年 □3年 □5年 □8年 □无固定期限
定投交易	设定定投计划	定投方式		□按计划数量定投：□________克 □________盎司 □按计划金额定投：□________人民币元 □________美元
定投交易	修改定投计划	原定投计划编号		
定投交易	修改定投计划	定投周期		□按月定投：每月______日（1～25日之间）
定投交易	修改定投计划	定投方式	按计划数量定投	□________克 □________盎司
定投交易	修改定投计划	定投方式	按计划金额定投	□________人民币元 □________美元
定投交易	终止定投计划	原定投计划编号		
客户确认	本人已确认银行打印记录正确无误。 客户签字： 年 月 日			

第一联 银行留存联

210×285 铜版 2013年5月版

图 13-2 个人账户贵金属交易凭证

第二步：填写《个人账户贵金属交易凭证》(见图 13-2)。

第三步：去柜面办理相关手续。

客户填完申请书和交易单后，引导客户携带有效身份证件、银行卡和填好的资料到柜面办理相关手续。

情景模拟

两人一组，其中一人扮演理财专员，引导客户办理纸黄金开户业务，另一人扮演客户小张，在理财专员的引导下，完成纸黄金的开户操作。

工作评估

给自己的工作绩效打个分吧！

评分内容	评分标准	参考分值	得分			
			自评	互评	教师评分	综合评分
服装得体	穿工作装，穿戴干净、整齐	10				
语言流畅	语言连贯，用词准确	10				
声音清晰	吐字清晰，音量适中	10				
服务意识	态度和蔼，礼貌待人，全身心地为客户服务	20				
理财建议	理财知识阐述准确，体现专业性	50				
总分						

任务14 非保本浮动收益类理财产品投资

任务目标

(1) 进一步强化非保本浮动收益类理财产品的办理流程；

(2) 树立岗位意识、理财服务意识。

岗前准备

(1)《理财产品总协议书》;
(2)《个人客户风险评估问卷》;
(3)《产品认购书》;
(4)《理财产品在售明细表》(见表 14-1)。

表 14-1 理财产品在售明细表

产品代码	产品类型	发售日期	期限	收益率(年率)	产品起点	起息日	到期日	目标客户
BB140510	保证收益类理财产品	2014 年 5 月 10 日至 2014 年 5 月 14 日	34 天	4.5%	5 万元	2014 年 5 月 15 日	2014 年 6 月 20 日	保守型、稳健型、平衡型、成长型、进取型的有投资经验和无投资经验的个人客户
ZQXT2059	非保本浮动收益型	2014 年 5 月 10 日至 2014 年 5 月 15 日	91 天	5.40%	5 万元	2014 年 5 月 16 日	2014 年 8 月 16 日	稳健型、平衡型、成长型、进取型的有投资经验和无投资经验的个人客户
ZQXT2060	非保本浮动收益型	2014 年 5 月 10 日至 2014 年 5 月 17 日	72 天	5.4%	10 万元	2014 年 5 月 18 日	2014 年 7 月 28 日	稳健型、平衡型、成长型、进取型的有投资经验和无投资经验的客户

工作内容

运用非保本浮动收益类理财产品为 VIP 客户提供咨询与服务。

客户资料

- 李梅,26 岁,家庭年收入为 22 万元左右。
- 4 年前,他开始每年拿出 5 万元作金融投资,主要投资于存款、股票、基金等品种。
- 他希望资产能够迅速增长,能够承担 20%~50%的本金损失。
- 如果有 25%的机会赢取 50 万元现金,他就会去投资。
- 今天,李梅想拿 10 万元购买人民币理财产品,请你为他提供理财咨询与服务。

理财技巧

1. 人民币理财产品购买须知

(1) 提前赎回,本金受损

人民币理财产品推出后,众多的优势使得它受到投资者的大力追捧,但它的流动性问题也使某些投资者踌躇不前。提前赎回产品,投资者一般都会遭受较大损失。

(2) 通过质押贷款获得资金

投资者在购买人民币理财产品后,如中途需要用钱,可以通过质押贷款的方式获得资金,但会损失一部分收益。

(3) 提前做好理财规划

理财最忌变化多,因为变化意味着损失,因此应该留出一些机动资金以对付不测,不应该把所有资产全部用于投资人民币理财产品。

2. 如何规避投资风险

(1) 挤干收益率的"水分"

即使是信誉度较高的人民币理财产品,也有一定风险。除了保本理财产品,人民币理财产品的收益率也只是预期的,银行不得作保底承诺,所以投资者必须对实际收益率可能低于预期收益率有心理准备。

在分析对比银行宣传的收益率时,要注意其中的"水分"。事先要问清是否已扣除手续费,还要将收益率与投资期限匹配,如 3 个月期限的产品,要看清是 3 个月收益率还是年化收益率。

(2) 选择更短期限的产品

在购买人民币理财产品时,可以选择期限较短的产品,主要是理财的流动性和选择空间会提升,便于客户及时购买收益率较高的理财产品。但选择期限短、流动性强的产品,必然要以损失收益为代价。

工作流程

第一步:签署《理财产品总协议书》。

客户在银行第一次购买理财产品时,需要先和银行签约(见图 14-1)。

第二步:进行风险测评。

风险测评的目的是要掌握客户的风险承受能力(见图 14-2),以便为其推荐合适的理财产品。

> 请你说说今日销售的几款理财产品有什么不同呢?

第三步:选购理财产品。

作为理财专员,应为客户推荐与其风险类型相匹配的理财产品。

当客户选好理财产品后,让其填写产品认购书(见图 14-3)。

第四步:去柜面办理手续。

作为理财专员,我们应热忱地为客户服务,告知客户须携带银行卡、身份证和所需填写的资料,去柜面办理相关手续。

理财产品总协议书（2013 年版）

协议书编号：__________

甲　　方：

个人投资者填写

姓名：__________ __________联系电话：__________ __________

证件类型：__________证件号码：__________ __________

机构投资者填写

企业名称：__________

法定代表人／负责人：__________

住所地：__________ __________

通信地址：__________ __________ __________邮编：__________ ___

电话：__________传真：__________

乙　　方：　　银行股份有限公司__________ __________行

第一联：银行留存联

根据相关法律法规和监管规定，经甲方与乙方协商一致，就甲方向乙方购买××银行股份有限公司理财产品（以下简称“理财产品”），达成协议如下：

一、甲方首次在乙方购买理财产品时应签署本协议，本协议生效后，除双方另有约定外，在本协议有效期内甲方在乙方购买任何理财产品均适用本协议，本协议的签署并不作为甲方认购、申购或持有理财产品的凭证，甲方在购买每一具体理财产品时还应与乙方签署相应理财产品的《产品说明书》、业务凭证等，按乙方相关业务规则办理购买理财产品的手续。

本协议、《产品说明书》、《个人客户风险评估问卷》、《风险揭示书及客户交易信息确认表》以及业务凭证共同构成一份完整的、关于甲方所购某一理财产品的理财产品法律文件（以下简称“理财产品文件”），本协议与《产品说明书》不一致的，以《产品说明书》为准。

甲方购买多个银行理财产品时，每一份针对某一理财产品的《产品说明书》及相关业务凭证与本协议共同构成一份独立的理财产品文件，该理财产品文件的效力和履行情况均独立于其他理财产品文件。

乙方将定期与甲方就本协议书内容进行书面确认，甲方应予配合。

二、甲方声明和保证：

（一）个人投资者声明和保证

1. 甲方具有完全民事行为能力，以本人合法所有的资金购买理财产品；

2. 甲方为港、澳、台人士或外籍人士的，其购买理财产品的资质及资金符合法律法规、监管规定的相关要求；

3. 甲方已如实向乙方披露其风险承受能力状况及相关信息，并已签署、确认《个人客户风险评估问卷》、《风险揭示书及客户交易信息确认表》；如发生可能影响自身风险承受能力的情况，甲方应及时告知乙方，并配合乙方对其进行风险承受能力持续评估；

4. 甲方清楚知晓、接受并承诺遵守理财产品文件，对其条款内容不存在任何疑问或异议，清楚了解所购买理财产品的收益类型、适用客户类别、投资方向、流动性、主要风险等内容，完全知晓理财产品可能出现的各种风险，愿意并能够承担这些风险；乙方向甲方提供的市场分析和预测仅供参考，甲方据此做出的任何决策出于甲方自己的判断，投资决策风险由甲方自行承担。

（二）机构投资者声明和保证

1. 甲方为依法设立并合法存续的企业法人、事业法人、社会团体或其他组织，具有依据法律法规投资理财产品的资格；

2. 签署和履行本协议系基于甲方的真实意思表示，已经按照其章程或者其他内部管理文件的要求取得合法、有效的授权，且不会违反对甲方有约束力的任何协议、合同和其他法律文件；甲方已经或将会取得签订和履行本协议所需的一切有关批准、许可、备案或者登记；

3. 甲方用于购买理财产品的资金为其合法所有并具有完全的占有、使用、收益、处分权，该资金可合法地投资

图 14-1　理财产品总协议书

（一）甲方为个人投资者的，本协议经甲方签字，乙方盖章后生效；甲方为机构投资者的，本协议经甲方法定代表人或授权签字人签字并加盖法人公章、乙方盖章后生效。

（二）除《产品说明书》约定的提前终止情形外，甲方有违约行为或甲方资金账户被有权机关冻结、扣划时，乙方有权提前终止本协议。

（三）除非甲乙双方签署新的协议替换本协议，本协议长期有效，乙方将在购买某理财产品的《产品说明书》或其它法律文件中定期与甲方确认本协议，甲方应予配合。

（四）乙方按照法律法规、监管规定和理财产品文件的约定调整投资范围、投资品种、投资比例、收费项目、收费条件、收费标准、收费方式等理财产品文件的内容及条款的，除双方另有约定外，调整后的内容及条款对调整生效前甲方已经成交的交易不发生效力；甲方不接受上述调整的，如理财产品允许甲方提前赎回，甲方有权按照理财产品文件的约定提前赎回。

（五）如甲乙双方在本协议生效前就理财产品已签署理财类总协议或仅就某理财产品单独签署理财协议（下称“已签协议”）、本协议生效后，甲方向乙方新购买的任何理财产品，除双方另有约定外，均适用本协议，不适用已签协议。

（六）若乙方因业务需要须委托中国银行股份有限公司其他机构履行理财产品文件项下权利及义务，甲方对此表示认可；乙方授权的中国银行股份有限公司其他机构有权行使理财产品文件项下全部权利、有权就理财产品文件项下纠纷向法院提起诉讼或提交仲裁机构裁决。在不影响理财产品文件其他约定的情形下，理财产品文件对双方及各自依法产生的承继人和受让人均具有法律约束力。

（七）本协议一式两份，具有同等法律效力，甲乙双方各执一份。

甲方声明：甲方已详细阅读本协议相关条款，充分了解并清楚知晓购买理财产品的风险，愿意承担相关风险。甲方保证填写的信息资料的正确性，并确认银行打印记录正确无误。

个人投资者

甲方（签字）：

签署地点：

签署时间：______年____月____日

机构投资者

甲方名称：

甲方公章：

法定代表人或授权签字人（签章）

签署地点：　　　　　　　　　　签署时间：______年____月____日

乙方名称：　银行股份有限公司______________________行

乙方盖章：

经办人：　　　　　　复核人：

签署地点：　　　　　　　　　　签署时间：______年____月____日

图　14-1（续）

银行股份有限公司个人客户风险评估问卷（2013 年版）

以下 10 个问题将根据您的财务状况、投资经验、投资风格、风险偏好和风险承受能力等对您进行风险评估，我们将根据评估结果为您更好地配置资产。请您认真作答，感谢您的配合！（每个问题请选择唯一选项，不可多选）

1. 您的年龄是？
☐ A.18~30岁　☐ B.31~50岁
☐ C.51~64岁　☐ D.65 岁及以上

2. 您的家庭年收入为（折合人民币）？
☐ A.5 万元以下　☐ B.5万~20 万元
☐ C.20万~50 万元　☐ D.50万~100 万元
☐ E.100 万元以上

3. 在您每年的家庭收入中，可用于金融投资（储蓄存款除外）的比例为？
☐ A.小于 10%　☐ B.10%~25%
☐ C.25%~50%　☐ D.大于 50%

4. 以下哪项最能说明您的投资经验？
☐ A.除存款、国债外，我几乎不投资其他金融产品
☐ B.大部分投资于存款、国债等，较少投资于股票、基金等风险产品
☐ C.资产均衡地分布于存款、国债、银行理财产品，信托产品、股票、基金等
☐ D.大部分投资于股票、基金、外汇等高风险产品，较少投资于存款、国债

5. 您有多少年投资股票、基金、外汇、金融衍生产品等风险投资品的经验？
☐ A.没有经验　☐ B.少于 2 年
☐ C.2~5 年　☐ D.5~8 年
☐ E.8 年以上

6. 以下哪项描述最符合您的投资态度？
☐ A.厌恶风险，不希望本金损失，希望获得稳定回报
☐ B.保守投资，不希望本金损失，愿意承担一定幅度的收益波动
☐ C.寻求资金的较高收益和成长性，愿意为此承担有限本金损失
☐ D.希望赚取高回报，愿意为此承担较大本金损失

7. 以下情况，您会选择哪一种？
☐ A.有 100%的机会赢取 1000 元现金
☐ B.有 50%的机会赢取 5 万元现金
☐ C.有 25%的机会赢取 50 万元现金
☐ D.有 10%的机会赢取 100 万元现金

8. 您计划的投资期限是多久？
☐ A.1 年以下　☐ B.1~3 年
☐ C.3~5 年　☐ D.5 年以上

9. 您的投资目的是什么？
☐ A.资产保值　☐ B.资产稳健增长
☐ C.资产迅速增长

10. 您投资产品的价值出现何种程度的波动时，您会呈现明显的焦虑？
☐ A.本金无损失，但收益未达预期
☐ B.出现轻微本金损失
☐ C.本金 10%以内的损失
☐ D.本金 20%~50%的损失
☐ E.本金 50%以上的损失

告知客户风险测评的有效期为一年。

银行提示：

以上测试旨在帮助您了解自己的风险偏好和风险承受能力，从而有助于您选择合适的产品投资。本测试以及资产配置建议可能并不全面和充分，最了解您的还是您自己。请您依据自己的财务状况、收入预期、对资金的流动性要求、对风险的厌恶程度及投资产品的特点等多种因素做出投资决策。请您在产品购买过程中注意核对自己的风险承受能力和产品风险的匹配情况，即使是最激进的客户，也建议您做好资产在不同风险等级产品间的配置工作。如需帮助，建议您联系您的理财经理或财富顾问，得到进一步的资产配置建议。

您提供的信息应当真实、准确、完整，我们的风险评价将基于您提供的有效信息，如因您提供虚假、无效或不完整的信息，导致评价结果出现错误，银行不承担相应责任。**本测试结果的有效期为 12 个月，如您的财务状况发生较大变化或发生可能影响您风险承受能力的其他情况，请您及时通知我们并重新进行测试。**

风险提示：市场有风险，投资需谨慎。购买理财产品前，请认真阅读相关产品合同、协议书、说明书、招募说明书等法律文件，充分了解投资的风险。

图 14-2　客户风险评估问卷

理财产品风险揭示书及客户交易信息确认单

<table>
<tr><td>银行打印</td><td colspan="4"></td></tr>
<tr><td rowspan="11">客户填写</td><td>客户姓名*</td><td></td><td>资金账号*</td><td></td></tr>
<tr><td>证件类型*</td><td></td><td>证件号码*</td><td></td></tr>
<tr><td>交易类型*
（选择"定投协议"请复选"申购"或"赎回"交易）</td><td colspan="3">□ 认购 □ 申购 □ 赎回 □续约申请/修改 □续约终止 □撤单/冲正 □预约申请 □ 预约取消
□ 冻结 □ 解除冻结 □ 分红方式修改 □ 其他 ____________
□ 定投/自动投资协议申请及修改（请选择：□申请 □暂停/继续 □终止）</td></tr>
<tr><td>产品代号或类型*</td><td></td><td>交易金额</td><td></td></tr>
<tr><td colspan="4">以下周期产品/定投及自动投资选填：</td></tr>
<tr><td>周期产品及投资协议金额模式</td><td colspan="3">□ 固定金额（如为定投协议申请及修改，请在交易类型中复选"申购"或"赎回"）
□ 不定金额（最低预留金额____________最大扣款金额____________）</td></tr>
<tr><td>周期产品续约期数</td><td>□ 限定期数_____期 □不限期</td><td>产品金额修改模式</td><td>□ 追加 □ 返还</td></tr>
<tr><td colspan="4">以下定投及自动投资选填：</td></tr>
<tr><td>投资协议开始时间</td><td>年 月 日</td><td>定投资频率（请填写数字）</td><td>每_______ □周 □月 执行一次</td></tr>
<tr><td>其他申明及备注</td><td colspan="3"></td></tr>
</table>

第一联 银行留存

标注*的为必填项目；除交易类型为"赎回"及周期产品修改模式为"返还"的交易外，客户叙作其他交易均必须进行以下风险确认。

风险提示：理财非存款、产品有风险、投资须谨慎

风险确认：

根据监管部门的要求，为确保个人投资者充分理解本产品的风险，请认真阅读风险揭示，并在此确认栏抄录以下语句：**"本人已经阅读风险揭示，愿意承担投资风险"。**

提醒客户抄录语句并签字。

________________________________ 签字：________________

风险揭示：市场有波动，投资有风险。按照中国银行业监督管理委员会的要求，××银行股份有限公司提醒客户注意，投资理财产品可以带来获利机会，也有带来亏损或潜在亏损的可能（您可能遭受到的最不利投资情形详见产品说明书）。

特别声明：

1. 产品说明书、客户权益须知及本交易凭证是投资者与中国银行股份有限公司所签订的"××银行股份有限公司理财产品总协议书"的附件，投资者应认真阅读产品说明书对应的协议，协议对理财产品的认购、赎回等具体事宜，投资收益分配、本金支付、风险揭示、信息披露、违约及争议解决等方面内容做出相应约定。如其中约定与产品说明书对应内容不一致，以产品说明书为准。产品说明书是本交易凭证的组成部分，**投资者签署本交易凭证，即视为对产品说明书的签署。**
2. 本交易凭证由交易所在的××银行股份有限公司分支机构盖章，投资者交易时应在本交易凭证上签字。
3. **如影响您风险承受能力的因素发生变化，请及时完成风险承受能力评估。**

图 14-3 理财产品风险揭示书及客户交易信息确认单

情景模拟

两人一组，其中一人扮演理财专员，为客户提供理财产品的咨询与服务，另一位扮演客户李梅，在理财专员的指导下，完成资料的填写。

工作评估

给自己的工作绩效打个分吧！

评分内容	评分标准	参考分值	得分			
			自评	互评	教师评分	综合评分
服装得体	穿工作装，穿戴干净、整齐	10				
语言流畅	语言连贯，用词准确	10				
声音清晰	吐字清晰，音量适中	10				
服务意识	态度和蔼，礼貌待人，全身心地为客户服务	20				
理财建议	理财知识阐述准确，体现专业性	50				
总分						

主要参考文献

[1] 张鹤.银行理财赚钱法[M].北京：机械工业出版社，2008.
[2] 陈容.一生的理财计划[M].北京：企业管理出版社，2008.
[3] 沈瑞立.新理财教室[M].北京：中国商业出版社，2008.